진조쌤
35일
기적의
수영책

쭉쭉 나간다,
수영이 달라진다

진조쌤
35일
기적의
수영책

진경남 지음

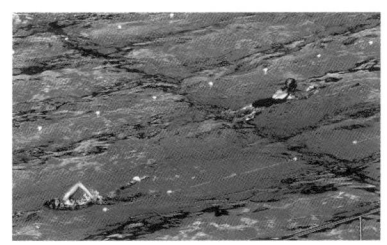

서스테인

프롤로그

여름이 가까워지면 수영장은 굳은 결심을 안고 오는 사람들로 가득 찹니다. 설렘과 긴장을 안고 첫발을 떼지만, 수영장 안에서는 강사 목소리도 잘 들리지 않고, 물속에서는 몸도 좀처럼 따라주지 않죠. 옆 사람은 잘만 가는 것 같은데 나만 허우적대는 것 같고, 몇 달을 배웠는데도 자세는 여전히 엉성하고, 물속에서는 늘 불안하기만 합니다. 옆 레인에서 물살을 가르며 시원하게 수영하는 사람들을 보면서 '나도 저렇게 수영하고 싶다'라는 마음에 다시 의욕을 다져보지만, 숨은 여전히 끊어질 것 같고, 다리는 아프고, 물은 계속 먹고… 그렇게 수영의 벽을 느끼고, 한 달 뒤에는 결국 절반도 채 남지 않습니다.

　수영은 왜 이렇게 어렵게 느껴질까요? 분명 배운 대로 하고 있는 것 같은데 말이죠. 영법을 다 배우긴 했는데, 누가 "수영 잘해요?"라고 물으면 선뜻 "네!"라고 대답하기 어렵고, 휴가 가서 멋있게 수영 한번 해보고 싶지만, 어딘가 어설픈 자세와 어색한 호흡 때문에 자꾸만 주저하게 되죠.

그동안 10년 넘게 수영을 가르치며 저는 수태기에 빠진 분들을 수없이 많이 만났습니다.

'왜 나는 앞으로 안 나가지?'

'왜 자꾸 가라앉지?'

'몇 년을 배웠는데 왜 안 늘지?'

이유를 몰라 자책만 하다가 결국 수영을 포기하는 분들, 정말 많이 봤습니다.

사실 수영은 '이해하고 익혀야 하는 운동'입니다. 원리를 이해하고 연습해야 합니다. 원리를 모른 채 반복만 하면 늘지 않습니다. 움직임의 구조를 알고, 무엇이 잘못된 건지 이해한 뒤에 연습해야 몸과 머리가 함께 기억하고, 그래야 자세도 빠르게 잘 잡힙니다. 무작정 팔다리만 휘저으며 연습하는 것과는 차원이 다릅니다.

이 책은 단순히 수영 기술을 설명하는 책이 아닙니다. 수영을 배우는 분들이 '아, 내가 그래서 그랬구나!', '이게 문제였구나!' 하고 스스로 깨닫고 교정할 수 있도록, 문제점과 해결책을 아주 쉽게 그러나 정확하게 설명했습니다.

12년간 수영 강사로 일하며 '어떻게 하면 더 쉽게 이해시킬 수 있을까?', '어떻게 하면 더 빠르게 실력이 느는 팁을 줄 수 있을까?' 수없이 고민하며 쌓아온 저만의 꿀팁들을 모두 담았습니다. 복잡한 이론은 과감히 덜어내고, 실력 향상에 즉각

적으로 도움이 되는 효과가 확실한 방법들만 추렸습니다. 또 수영 유튜브 〈굿나잇 진조〉를 통해 수많은 수영인과 소통하며 정체되어 있던 실력을 한 단계 끌어올리는 데 도움이 되었던 핵심 포인트들만 골라 담았습니다.

하루에 한 동작씩, 머릿속으로 이미지 트레이닝을 한 다음 수영장에 가서 그대로 연습해 보세요. 지금까지 정체되어 있던 자세들이 놀라울 만큼 빠르게 교정될 겁니다. 읽고, 떠올리고, 직접 해보는 과정을 거치면 몸이 놀라울 만큼 달라집니다. 수영을 포기하고 싶었던 분들, 수년째 제자리인 분들, 이젠 좀 더 멋지게 수영하고 싶은 분들 모두에게 이 책이 수영에 대한 그동안의 고민을 해결해 주는 책이 되길 바랍니다.

더 이상 물속에서 허우적거리지 마세요. 물살을 시원하게 가르며 앞으로 쭉 나아가는 그 쾌감, 그 짜릿한 순간을 꼭 경험해 보시길 바랍니다.

행수!

차례

프롤로그   005

CHAPTER 1   모두가 쳐다보는 자유형

DAY 01 ▷	수영인들의 영원한 숙제, 호흡	013
DAY 02 ▷	몸은 뜨려고 하면 가라앉는다	018
DAY 03 ▷	내 발차기는 왜 앞으로 안 나갈까?	022
DAY 04 ▷	앞으로 잘 나가는 스트로크란?	027
DAY 05 ▷	자유형 롤링의 정확한 방법_사이드킥	031
DAY 06 ▷	측면 호흡 한 번에 끝내기_'음-손-파-손' 호흡법	035
DAY 07 ▷	호흡할 때 왼손이 자꾸 떨어지는 이유	038
DAY 08 ▷	팔꺾기는 팔꿈치가 중요한 게 아니다	041
DAY 09 ▷	앞으로 더 멀리, 자유형 글라이딩	047
DAY 10 ▷	가장 쉽고 자연스러운 자유형 물잡기	050
DAY 11 ▷	자유형 비트킥, 박자를 타보자	054

CHAPTER 2 백조 같은 배영

DAY 12	룰 안 밀고 편안하게 뜨는 방법	059
DAY 13	배영의 사이드킥은 자유형이랑 다르다	064
DAY 14	배영만 하면 옆으로 가는 이유	067
DAY 15	배영은 원래 물 먹는 건가요?_배영 호흡법	070
DAY 16	배영에도 글라이딩이 있다	073
DAY 17	배영은 한 팔씩 하는 게 아니다_배영 로테이션	079
DAY 18	세상에서 가장 쉬운 배영 물잡기	084

CHAPTER 3 평포자를 위한 평영 꿀팁

DAY 19	평영 발차기는 스쿼트처럼	093
DAY 20	강습에선 알려주지 않는 평영킥 꿀팁	099
DAY 21	도저히 평영킥이 안 나간다면	104
DAY 22	평영 팔동작은 앞으로 나가기 위해 하는 게 아니다	107
DAY 23	평영킥, 풀 타이밍 마스터하기	111
DAY 24	기도하지 마세요!	116
DAY 25	선수들은 왜 어깨를 으쓱할까?_평영 글라이딩	119
DAY 26	평영도 웨이브가 있다	123
DAY 27	평영 물속 출발법	128
DAY 28	평영과 접영의 호흡 타이밍	132

CHAPTER 4　돌고래 같은 접영

DAY 29 ▶ 접영킥은 복근으로 차는 것	137
DAY 30 ▶ 접영 웨이브 정확히 이해하기	141
DAY 31 ▶ 입수킥과 출수킥, 타이밍 맞추기	144
DAY 32 ▶ 팔이 자꾸 물에 걸린다면_접영 팔돌리기	148
DAY 33 ▶ 출수 타이밍 & 머리 넣는 타이밍	152
DAY 34 ▶ 수영의 끝판왕, 접영 물잡기	155
DAY 35 ▶ 웨이브는 손으로 타는 게 아니다_가슴 누르기	160

CHAPTER 5　수업에선 알려주지 않는 기술들

멋지게 출발해 보자_물속 출발법	169
돌핀킥, 잘 나가는 꿀팁 세 가지	172
사이드턴, 더 편하게 더 멀리 나가는 법	175
플립턴, 더 우아하고 부드럽게 도는 법	179
스타트, 배치기 극복하기	185
휴가를 앞두고 있다면_헤드업 평영	188

부록　진조쌤 자유수영 훈련 루틴	191
에필로그	198

모두가 쳐다보는 자유형

CHAPTER 1

수영인들의 영원한 숙제, 호흡

수영 관련 영상을 보다 보면 "드디어 호흡이 터졌어요!" 같은 제목을 많이 볼 수 있습니다. 제목만 보면 금방이라도 호흡이 트일 것 같아 희망을 품고 영상을 클릭해 보면 막상 별 내용이 없거나, 아무리 봐도 감이 오지 않는 경우가 많습니다. 왜 그럴까요? 정확한 수치로 알려주지 않고, "숨을 편하게 마셔라", "적당히 마셔라"라는 식으로 알려주기 때문입니다. 이제부터 글로만 봐도 감을 잡을 수 있도록 정확한 수치로 알기 쉽게 알려드릴게요.

1. 숨은 10 중 6만 마셔라

우리가 평소에 숨을 쉴 때 혹은 운동할 때를 생각해 보세요. 힘껏 숨을 마셔서 폐를 가득 채운 뒤 다시 숨을 내쉬고… 이렇게 호흡하지 않습니다. 지금도 의식하지 않아도 호흡이 자연스럽게 이루어지고 있을 겁니다. 호흡은 내가 의식해서 잘 마시려고 하는 게 아니라 편한 지점을 찾는 것이 먼저입니다. 호흡이 안 터지는 분들의 특징은 수영할 때 최대한 많은 숨을 들이마신 뒤 시작한다는 겁니다. 이 습관부터 고쳐야 합니다. 자, 한번 따라 해보세요. 숨을 폐에 가득 담은 뒤 5초 동안 숨을 참아 봅시다.

5, 4, 3, 2, 1

어떠신가요? 갑갑하고 점점 답답해지지 않나요? 이렇게 숨을 가득 담고 출발하면 발차기, 팔동작을 몇 번 해보지도 못하고 금방 일어서게 될 겁니다. 폐활량이 모자란 것이 아닙니다. 숨이 과한 겁니다. 자, 이번엔 숨을 반 정도만 마시고 숨을 참아 봅시다.

5, 4, 3, 2, 1

어떠신가요? 10초는 숨을 더 참을 수 있을 것 같죠? 수영할 때 호흡은 폐를 100퍼센트 다 활용하면서 하는 것이 아닙니다. 편안한 호흡 지점을 찾고, 그 호흡 안에서 편안한 호흡법을 익히는 겁니다. 그 지점은 6일 수도, 4일 수도 있습니다. 사람마다 다르지만, 많이 가르쳐본 결과 6 정도가 가장 편하다고 얘기합니다.

2. 숨을 참다가 마시지 마라

이제 편안한 호흡 지점은 찾았는데, 호흡을 이어가다 보면 두세 번 만에 금세 숨이 차는 분들이 많습니다. 이런 분들의 특징은 호흡을 참다가 마신다는 겁니다. 숨을 다 내쉰 뒤 숨을 참다가 갑자기 마셔보세요. 숨을 갑자기 확 마시게 될 겁니다. 그럼 호흡이 또 깨지게 되죠.

코로 숨을 '흠~~' 내쉬다가 입으로 마시는 호흡으로 연결되어야 합니다. '흠~~' 내쉬다가 잠깐 멈추는 분들이 많은데요. 참다가 마시면 안 됩니다. '흠~~~~~허~~!' 이렇게 연결이 되어야 6 정도의 호흡으로 편하게 마실 수 있습니다.

어떤 분들은 숨을 마실 때 입으로 '파!' 내쉬고 '허!' 마시라고 배운 분들도 있을 겁니다. 이 방법도 좋습니다. 이렇게 하면 숨을 참는 시간 없이 '파!~허!'로 연결되니 입에 물도 안 들어오고 자연스럽게 호흡이 됩니다. '음~파', '음~파~하' 두 방법 다 괜찮습니다. 내쉬고 마시는 걸 '연결'만 해주세요!

3. 얼마만큼 내쉬어야 할까?

'6만큼 마시고 시작했으니 6을 다 내쉬어야 하나?'라고 생각하는 분들이 많을 겁니다. 결론부터 말씀드리면 항상 2만큼은 남겨두셔야 합니다. 즉 4를 내쉬는 거죠. 너무 많이 내쉬면 몸에 남은 숨이 없어 괴로워서 수영을 지속할 수 없기도 하고, 폐에 있는 공기가 다 빠져나가 부력 유지가 안 되기도 합니다. 숨은 항상 2 정도 남겨둔다고 생각해 주세요.

4. 영법에 적용하기

호흡을 자유형에 적용할 때 많은 사람이 왼손 팔돌리기를 할 때는 어떻게 호흡해야 하는지 궁금해합니다. 왼손 팔돌리기를 할 때는 숨을 참아주세요. 왼손부터 호흡을 계속해서 이어가면 오른손 팔돌리기까지 호흡을 이어갈 수가 없습니다. 중간에 숨이 모자라서 급해지게 되죠. 왼손 팔돌리기에선 숨을 참고, 오른손 팔돌리기를 시작할 때 코로 내쉬면서 '흠~' 하다가 얼굴이 나올 때 '허~' 이렇게 연결해 주면서 마시는 겁니다.

그런데 자유형을 하다 보면 많은 상황들이 생기죠. 6만 마시면 다음 팔돌리기를 이어가는 데 문제가 없지만 갑자기 10을 마시게 되는 상황도 많이 생깁니다. 숨을 너무 많이 마시게 됐을 때는 당황하지 말고 왼손 팔돌리기를 할 때 4를 내쉬어서 다시 6을 맞춰주면 됩니다.

정리하면, 오른손 팔돌리기에서 6 정도로 숨을 적당히 잘 들이마셨을 때는 왼손 팔돌리기를 할 때 참아도 되지만, 숨을 너무 많이 마시고 들어왔을 때는 숨이 편해지는 지점까지 뱉어주는 겁니다. 그래서 왼손 팔돌리기를 할 때는 참기도 하고, 내쉬어 주기도 하면서 상황에 따라 달라지는 겁니다. 중요한 건 6을 찾아가는 겁니다!

몸은
뜨려고 하면
가라앉는다

1. 몸은 어떻게든 뜬다

 물에 뜨는 방법을 가르칠 때 가장 많이 알려주는 자세는 해파리 뜨기 자세입니다. 그림처럼 팔다리를 늘어뜨리고 머리를 물속에 완전히 담근 뒤 시선이 바닥을 향하게 엎드리면 폐를 중심으로 몸통은 떠 있는 모습을 볼 수 있습니다. 몸통은 우리가 띄우려고 하지 않아도 폐에 있는 공기로 저절로 뜹니다. 수영장에서 다음 그림과 같이 팔다리에 힘을 빼고 물에 걸쳐져 있다는 생각으로 해파리 뜨기 자세를 꼭 해보세요. 가만히 있어도 몸은 저절로 뜬다는 걸 느낄 수 있을 겁니다.

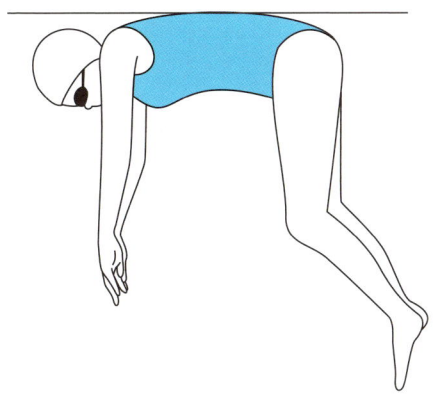

2. 잘 뜨려면 플랭크를 이해하자

　유선형 자세를 포함해 수영 자세를 얘기할 때 코어를 많이 언급합니다. 코어 운동을 대표하는 자세가 플랭크죠? 플랭크 자세는 디테일이 많은데 딱 두 가지로 압축하면, 시선은 바닥을 보고, 등은 둥글게 말아주는 겁니다. 그럼 등이 뜨면서 배에 자연스럽게 힘이 들어갈 겁니다. 배 앞쪽에 힘이 들어가면 엉덩이가 자연스럽게 뜨면서 수영하기 좋은 자세가 만들어집니다. 이 자세에서 엉덩이에 힘을 줄 필요는 없습니다. 다음 그림을 한번 볼까요?

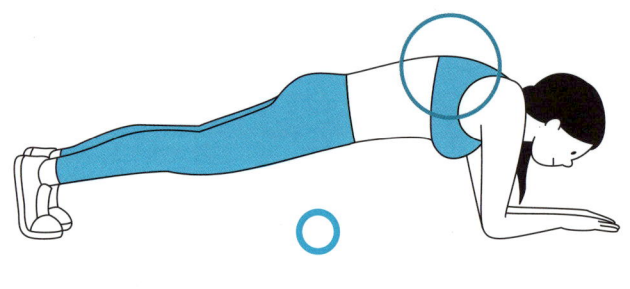

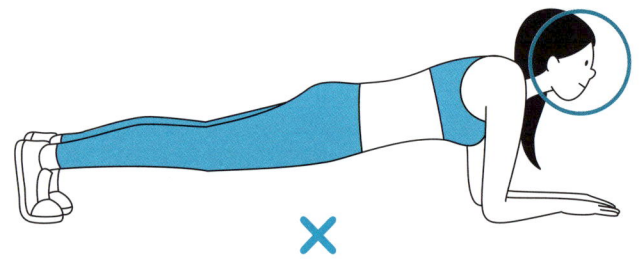

　아래 그림을 보면 고개가 들리면서 허리가 꺾인 상태가 되죠? 이 자세처럼 척추기립근 쪽에 힘을 주고 수영하는 분들이 많은데요. 이 자세는 모든 영법에 최악의 자세입니다. 척추기립근에 힘이 들어가면 허리와 다리가 많이 가라앉기 때문입니다. 플랭크를 해보면서 자신의 수영 자세를 한번 체크해 보세요.

3. 몸은 뜬 만큼 가라앉는다

　수업할 때 꼭 강조하는 점은 뜨려고 하지 말라는 것입니다. 우리 몸은 물 위로 벗어나는 순간 중력을 받습니다. 즉 몸은 뜬 만큼 가라앉습니다. 자유형이나 배영을 하는 분들을 보면 가라앉았다가 떴다가를 반복하면서 앞으로는 가지 않고 위아래로 왔다 갔다 하는 분들이 많습니다. 당연히 이렇게 하면 안 되겠죠? 해결 방법은 수면 근처에서 숨을 마시는 걸 습관화해야 합니다. 킥판 발차기로 턱을 살짝만 돌려 턱이 수면에 걸쳐져 있는 상태에서 호흡하는 걸 연습해 보세요. 턱이 수면을 벗어나는 순간 몸과 다리는 가라앉습니다. 자유형을 할 때도 수면에 뺨이 닿은 상태에서 숨을 마셔야 합니다. 이 방법은 뒤에서 더 자세히 알려드릴게요!

내 발차기는
왜
앞으로 안 나갈까?

1. 발 모양부터 잘 잡아야 한다

수영을 배울 때 가장 먼저 발목과 무릎을 펴고 위아래로 발차기하는 걸 배웠을 겁니다. 그런데 수강생분들이 발차기하는 모습을 보면 얼핏 잘 차는 것처럼 보여도 발 모양을 잘 잡고 차는 분들은 거의 없습니다. 발 모양을 잡을 때 오른쪽 위의 그림처럼 발뒤꿈치까지 붙어있는 모양이 되면 안 됩니다. 이렇게 되면 발차기를 발등 전체로 하지 못하고, 발등의 좁은 면적만을 사용하게 됩니다.

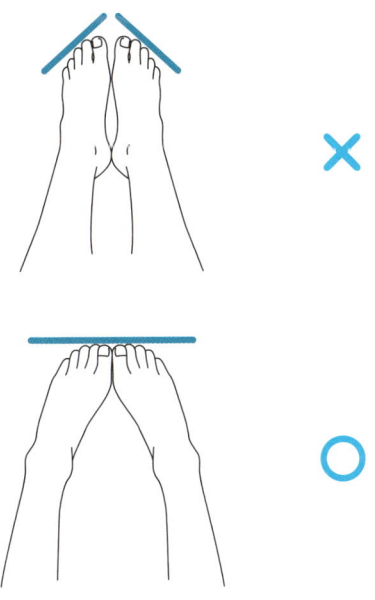

아래 그림처럼 다리를 쭉 편 상태에서 발목에 힘을 빼고 엄지발가락끼리 만나게 허벅지를 안으로 돌려 주세요. 모든 발가락이 일자로 잘 정렬되고, 발등이 하늘로 향해 있는 발 모양이 좋은 발 모양입니다. 이 상태에서 엄지발가락을 스치듯이 차는 겁니다. 발 모양을 이렇게 만들면 마치 안짱다리 같은 느낌이 들 텐데요. 그 불편한 느낌으로 발차기를 해야 좋은 자세가 나옵니다.

2. 감전킥에서 벗어나는 방법

발차기할 때 "허벅지를 사용하세요!"라는 말을 많이 들으셨을 겁니다. 허벅지를 위아래로 교차하면서 발차기를 해야 업다운킥이 정확히 나오면서 좋은 킥의 모양이 나오기 때문입니다. 그런데 허벅지에 집중해서 발차기를 하다 보면 허벅지에 과도하게 힘이 들어가 마치 감전된 것처럼 아주 좁은 폭의 발차기를 하는 분들이 많은데요. 이걸 고치려면 '허벅지'를 머리에서 지워야 합니다. 허벅지를 움직이는 건 고관절이고, 고관절을 움직이려면 엉덩이 근육을 써야 합니다. 골프, 축구, 야구 등 모든 발차기와 스윙에서는 뒤로 빼는 동작이 선행되어야 합니다. 그래야 강한 힘을 앞으로 보낼 수 있죠.

한번 연습해 볼까요? 오른쪽 그림처럼 가만히 서 있는 상태에서 벽을 잡고 엉덩이 근육에 집중해서 허벅지를 뒤로 보내보세요. 그렇게 앞뒤로 스윙을 해보는 겁니다. 폭은 걷는 보폭으로 편하게 해주세요. 앞뒤로 왔다 갔다 해보면 허벅지가 앞뒤로 자연스럽게 잘 움직일 겁니다. 바로 이 느낌으로 다리를 앞뒤로 움직이면 감전킥이 아닌 적당한 폭과 좋은 박자로 킥을 찰 수 있습니다. 킥을 찰 때는 엉덩이 근육으로 다리를 들어 올린다는 걸 기억해 주세요!

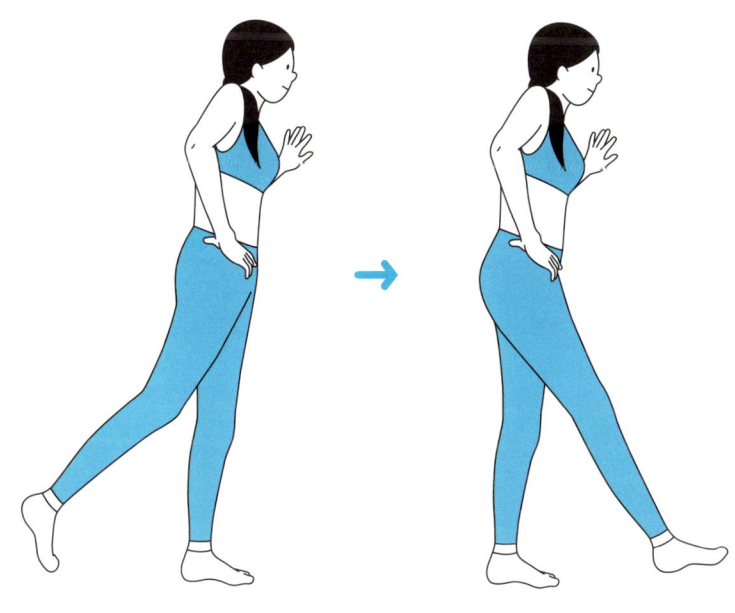

3. 업킥과 다운킥

자유형킥에는 다리를 들어 올리며 발바닥으로 차는 업킥, 발등으로 내려 차는 다운킥이 있습니다. 비율로 보면 업킥 30퍼센트, 다운킥 70퍼센트 비율로 차는 게 좋습니다. 그러나 대부분 무릎을 쭉 편 상태로 업킥 50퍼센트, 다운킥 50퍼센트로 힘이 쭉쭉 빠지는 비효율적인 발차기를 많이 합니다. 업킥과 다운킥을 잘 활용하려면, 일단 엉덩이 근육으로 다리를 수면까지 들어 올린 뒤 거기서 발을 수면 위로 살짝 띄워주세요. 그럼 자연스럽게 무릎이 구부러질 겁니다. 중요한 건 위로 띄워주는 겁니다. 자꾸 무릎을 접으려고 해서 발차기가 망가지는 건데요. 무릎은 내가 의도해서 접는 게 아닙니다. 발을 위로 띄워주면 무릎은 자연스럽게 구부러집니다. 그렇게 돼야 편하고 효율적인 발차기를 할 수 있습니다.

앞으로 잘 나가는 스트로크란?

1. 앞으로 나가려면 앞에서는 힘을 빼라

스트로크는 팔로 물을 끌어당기는 동작을 말합니다. 세세하게는 캐치(물잡기), 풀(당기기), 푸시(밀어주기), 피니시(마무리)… 이 모든 동작을 스트로크라고 합니다. 그동안 많은 사람의 수영 자세를 보면서 느낀 것은 대부분 시작점인 캐치와 풀에서 힘을 너무 많이 쓴다는 겁니다. 정신없이 첫 번째 동작을 마치고 난 뒤 숨을 빨리 쉬고 싶어 시작점에서 힘을 다 쏟아내는 거죠. 그래서 우리는 앞으로 가지 않고 위아래로 떴다 가라앉기를 반복하는 겁니다.

스트로크를 순서대로 한번 살펴볼까요? 우선 '캐치(물잡기)'는 손으로 물을 누르며 물을 가볍게 잡는 구간입니다. 이때는 앞으로 나가는 구간이 아닙니다. 물을 잡는 이 구간에서는 야구공을 잡았다고 생각해 보세요. 단지 공을 잡고 있을 뿐이죠.

그다음 '풀(당기기)'은 캐치에서 물을 잡은 후 몸이 앞으로 나가기 시작하는 구간입니다. 이 구간에서도 앞으로 나가긴 하지만 속력이 발생하는 정도입니다. 아직 야구공은 내 손안에 있는 겁니다.

마지막 '푸시(밀어주기)'는 잘 잡고 당겨온 물을 뒤로 힘차게 밀어주는 구간입니다. 이 구간에서 야구공이 내 손을 떠나 비거리가 결정되는 겁니다. 물도 마찬가지입니다. 물을 가볍게 잡고 잘 당겨와서 뒤로 힘차게 밀 때 물이 뒤로 보내지면서 내 몸은 앞으로 쭈욱 나가는 겁니다. 그런데 대부분 캐치, 풀 동작에서 힘을 다 써버리니 중간에 힘이 빠져 끝까지 밀지 못하고, 골반에서 손이 빠지면서 앞으로 나가지 않고 가라앉게 되는 겁니다. 앞으로 잘 나가려면 앞에서는 힘을 빼야 합니다! 그리고 푸시 동작에서는 손을 무조건 허벅지 앞(바지 주머니 위치)에 딱 붙여주세요. 이 동작만 잘해도 물은 뒤로 잘 보내지게 됩니다.

자, 정리해 볼게요. 손을 가볍게 내리면서 물을 잡고 그대로 당겨옵니다. 롤링과 함께 허벅지 앞에 손을 딱 붙여주세요. 마지막으로 힘은 캐치가 끝나고 풀 동작에서부터 푸시 동작 때까지 쓴다는 걸 기억해 주세요!

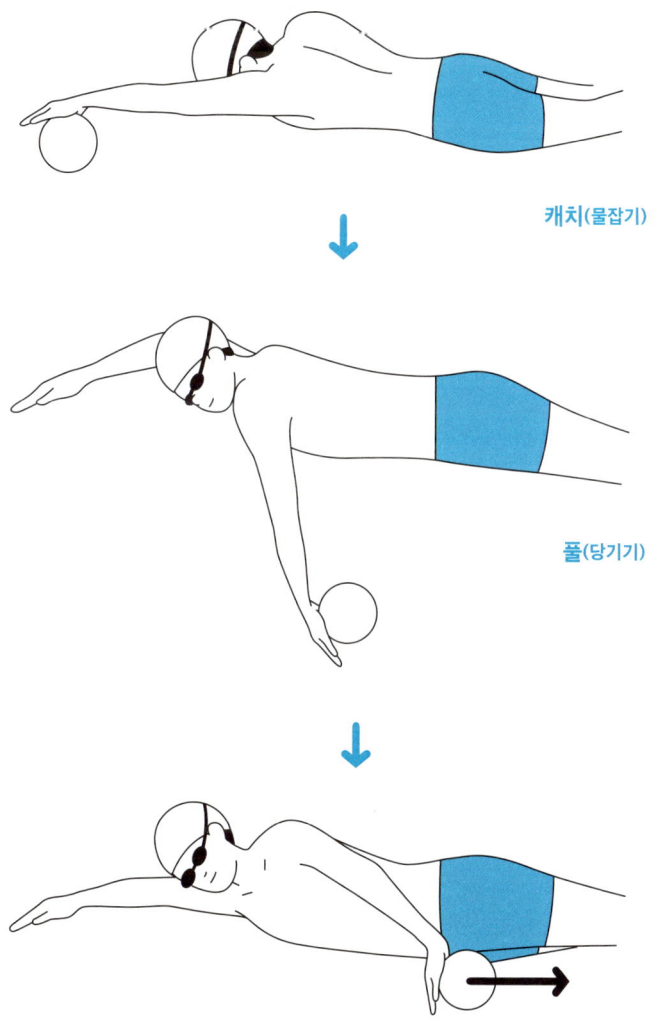

2. 스트로크할 때 손 모양은 어떻게 해야 할까?

　수영하는 분들을 보면 다양한 손 모양을 볼 수 있습니다. 손 모양도 정말 중요한 부분인데 제대로 잡고 하는 분들이 거의 없어서 짧게 알려드릴게요. 우선 손을 오므리는 분들이 많은데 그럼 면적이 작아져 물을 조금밖에 잡을 수 없습니다. 또 손가락을 벌리면 손가락 사이로 물이 많이 빠져나가 물을 제대로 잡을 수 없습니다. 손가락이 자연스럽게 2~3밀리미터 정도 벌어진 손 모양이 손가락 사이에 와류가 생겨 물이 빠져나가지 않고 넓은 면적으로 물을 잡을 수 있는 가장 좋은 손 모양입니다.

자유형 롤링의 정확한 방법
사이드킥

1. 사각형을 돌려라

롤링이 뭔지는 알지만 정확하게 구사하는 분들은 많이 없습니다. 롤링이 잘되면 수영이 정말 편해지지만, 잘 안되면 내 하체가 물귀신이 되어 몸을 가라앉게 만듭니다. 회전의 힘으로 물을 뒤로 밀어줘야 하는데 롤링이 잘되지 않으면 팔로만 물을 당기게 돼서 팔도 금방 지치게 되죠.

'롤링'이라고 하면, 대부분 물을 당기면서 어깨를 회전시키는 것이라고 얘기하는데 반은 맞고, 반은 틀린 얘기입니다. 롤링은 몸 전체의 회전을 얘기하는 겁니다. 다음 그림을 한번 볼게요.

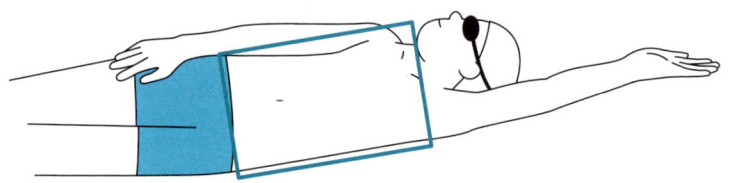

　위의 그림처럼 양 어깨와 양 골반을 선으로 이으면 사각형이 그려지죠? 롤링을 할 때는 이 사각형이 한꺼번에 돌아가야 합니다. 그런데 대부분 골반은 안 돌아가고 어깨만 돌아가서 허리가 꼬이게 됩니다. 허리가 꼬이면 배에 힘이 들어가고, 힘이 들어감과 동시에 발차기가 굳어져서 하체가 가라앉기 시작하는 겁니다. 롤링을 할 때는 골반까지 같이 돌아가면서 사이드킥을 차야 합니다! 그럼 다리는 가라앉지 않고, 사이드킥이 몸의 밸런스를 잡아줄 겁니다. 기억하세요. 롤링을 쉽게 하는 방법은 골반을 돌리는 겁니다. 어깨는 신경 쓸 필요 없습니다. 골반이 돌아가면 어깨는 알아서 돌아갑니다.

2. 롤링의 정확한 타이밍

롤링을 하는 이유는 너무나 많지만 제가 생각하는 가장 큰 이유는 물을 효과적으로 밀어낼 수 있기 때문입니다. 물을 잡는 구간에서는 팔을 편 상태에서 어깨와 팔의 힘으로 45도까지 눌러줍니다. 이때 손바닥은 바닥 쪽을 향해 있을 겁니다. 여기서 당기는 동작이 시작되는데 여기서부터는 손바닥이 뒤를 향하게 됩니다. 롤링은 이때 시작하는 겁니다. 이때 어깨 주위의 근육들과 골반이 돌아가는 회전의 힘으로 물을 뒤로 강하게 밀어내는 겁니다. 자유형을 할 때 팔이 금방 지치는 이유는 대부분 팔로만 당겨서 그렇습니다. 잡은 물을 당기면서 '회전의 힘'으로 '뒤로 보낸다'는 느낌으로 연습하면 앞으로 더 잘 나가는 느낌을 느낄 수 있을 겁니다!

3. 왼쪽 스트로크도 롤링을 해야 하나요?

자유형 롤링을 가르칠 때 제일 많이 듣는 질문입니다. 유튜브 채널에서도 이 질문이 300개가 넘는 걸 보면 정말 많은 분이 궁금해하는 것 같습니다. 답은 당연히 해야 합니다. 롤링은 물을 뒤로 밀어주는 것을 도와주기도 하지만, 어깨를 물 밖으로 나오게 해서 팔을 편하게 돌릴 수 있게 해주는 역할도 합니다. 자유형을 하다가 어깨를 다치는 분들이 많은데 그건 롤링을 제대로 못 해서 팔을 억지로 돌리기 때문에 다치는 겁니다. 왼쪽 스트로크에서도 필수로 롤링을 해주세요.

측면 호흡
한 번에 끝내기
'음-손-파-손' 호흡법

지금까지 자유형을 대략 5,000명 정도 가르친 것 같습니다. 그런데 일반적인 방법으로 가르쳐본 결과 대부분 힘들어하는 걸 보고 어떻게 하면 쉽게 가르칠 수 있을까 고민하며 생각해 낸 방법을 알려드릴게요. 바로 '음-손-파-손 측면 호흡'입니다.

1. 음

처음 엎드린 상태에서 손동작부터 들어가지 말고 고개를 옆으로 돌리면서 '음~~' 하고 코로 숨을 내쉽니다. 여기서 고개를 들거나 너무 돌릴 필요는 없습니다. 편하게 옆을 봐주세요. 코로 숨은 계속해서 내쉬고 있어야 합니다. '음~~'을 꼭 해쥐야 코에 물이 안 들어갑니다!

2. 손

이제 오른손 스트로크를 하면서 롤링을 시작합니다. 몸통(사각형)이 전부 돌아가면서 옆을 보고 있던 고개도 같이 돌리면서 천장을 봐주면 됩니다. 천장을 볼 때까지 '음~~'은 계속하고 있어야 합니다. 이때 얼굴이 같이 안 따라가는 분들이 많은데요. 어깨가 넘어갈 때 얼굴도 꼭 같이 따라가야 합니다.

3. 파

이제 숨을 마셔야겠죠? 사이드킥을 차면서 '파!' 호흡을 마시는 겁니다. 이때 호흡은 '헙!' 하고 짧게 마시지 말고 '허~~어' 하고 길게 마셔주세요. 길게 마시는 팁은 사이드킥 횟수를 늘려주면 됩니다. 여섯 번을 차도 되고, 여덟 번을 차도 됩니다. 마시고 싶은 만큼 발차기 횟수를 늘려주세요.

4. 손

마지막 호흡까지 끝났으면 팔을 돌려서 제자리로 돌아오면 됩니다. 이때 주의할 점은 팔을 돌리는 게 아니라 사이드킥을 하는 상태에서 팔을 옆으로 들어주는 겁니다. 대부분 팔을 너무 크게 돌리려고 해서 몸 뒤로 팔이 넘어가는데요. 자유형을 할 때 몸이 뒤집힐 뻔했던 적 많으시죠? 팔이 몸 뒤로 넘어가서 그렇습니다. 팔을 그대로 옆으로 들어서 귀 옆까지 가져와 주세요. 얼굴은 아직 들어가면 안 됩니다. 팔이 귀 옆까지 왔으면 마지막으로 돌링을 풀어주면서 얼굴이 자연스럽게 들어가며 제자리로 돌아오는 겁니다. 얼굴이 들어갈 때는 짧게 '음~' 해주면서 들어가 주세요. '음~'을 해줘야 코에 물이 안 들어갑니다.

호흡할 때 왼손이 자꾸 떨어지는 이유

1. 손은 항상 물 안으로

킥판을 잡고 자유형을 연습했던 분들이 킥판을 빼면 킥판을 잡았던 기억 때문에 손을 항상 수면에 위치한 채 수영을 합니다. 그런데 손이 수면에 있으면 물잡기도 잘 안될뿐더러 손이 너무 위에 올라가 있어 허리에 힘이 들어가고 다리는 가라앉게 됩니다. 자유형을 할 때 팔의 위치는 귀 옆이나 관자놀이 옆이 아니라 귀 아래에 있어야 합니다. 정확히는 손이 수면에서 한 뼘 밑에 있어야 합니다. 즉 몸이 80퍼센트는 물 안에 있고, 20퍼센트 정도만 물에 떠 있는 상태에서 수영을 하는 겁니다. 그리고 몸이 가라앉아 있는 만큼 팔도 귀 아래로 내려서 손이 물 안에 위치하게 해줘야 정확한 일자 자세가 나옵니다.

2. 호흡할 때 왜 자꾸 왼손이 떨어질까?

왼손이 떨어지는 이유를 어깨의 유연성이 떨어지기 때문이라고 많이 이야기하는데요. 제가 자유형을 오래 가르치면서 느낀 건, 왼손이 떨어지는 이유는 사람들이 호흡할 때 가라앉을까 봐 자꾸 왼손을 저어서 부력을 유지하려고 하기 때문이라는 걸 알았습니다. 왼손 떨어짐의 교정은 너무나도 쉽습니다. 바로 한 팔 자유형을 하는 겁니다. 킥판을 잡아도 좋고, 빼도 좋습니다. 한번 따라 해보세요.

발차기 8번 → 오른팔 스트로크하면서 호흡 → 다시 발차기 8번 → 오른팔 스트로크하면서 호흡

한 팔 자유형은 꼭 왼팔이 떨어지는 분들뿐만 아니라, 이제 막 킥판을 뗀 분들, 글라이딩을 연습하고 싶은 분들께 추천하는 드릴입니다.

3. 스트로크는 무겁게, 발차기는 무심하게

초급자분들의 특징 중 하나가 처음 킥판을 뺐을 때 발차기를 하지 않으면 가라앉을 것 같다는 생각이 강해서 발차기에 온 힘을 다 쏟는다는 겁니다. 팔을 몇 번 저었는데 잘 안 나간다 싶으면 오히려 '내가 발차기가 잘 안되나?'라고 생각하죠. 온 힘을 다해서 발차기를 해놓고 '발차기가 잘 안돼서'라고 생각하다니, 참 모순이죠? 그래서 저는 초급반 분들께 항상 얘기합니다. 발차기는 앞으로 나가기 위해서가 아니라, 발을 띄워주는 목적으로 차야 한다고요. 자유형은 팔동작이 추진력의 80퍼센트를 차지합니다. 20퍼센트밖에 되지 않는 발차기에 전력을 다할 필요가 없습니다. 우리는 스트로크에 더 많은 시간을 투자해야 합니다. 그렇게 연습해야 자유형이 늡니다. 그러니 발차기는 무심하게 차주세요.

팔꺾기는
팔꿈치가
중요한 게 아니다

1. 손은 항상 수면과 가까이

    제가 생각하는 팔꺾기를 하는 이유는 한 가지밖에 없습니다. 팔을 곧게 펴서 크게 돌았던 궤적을 짧게 줄이기 위함이죠. 궤적이 크면 그만큼 어깨를 많이 써야 하고, 어깨가 금방 지치기 때문입니다. 팔꺾기를 해줌으로써 궤적이 짧아지고, 그만큼 어깨가 편해지니 효율적인 수영을 할 수 있는 겁니다. 그런데 대부분 손이 수면에서 많이 벗어난, 궤적이 큰 비효율적인 팔꺾기를 하는 분들이 많습니다. 팔꺾기 궤적을 짧게 하는 방법은 아주 간단합니다. 손을 수면에 항상 닿을 듯 말 듯하게 위치하고 팔꺾기를 해주는 겁니다. 손이 수면에 닿아도 괜찮습니다. 연습할 때 항상 손을 수면에 가까이 하고 연습해 주세요.

2. 팔꿈치는 중심선에서 멀리

자유형 팔꺾기는 잘하면 효율적인 동작이지만, 자칫 잘못하면 어깨에 무리가 가는 동작이기도 합니다. 자유형 팔꺾기를 하다가 어깨를 다치는 경우는 대부분 팔꿈치가 중심선으로 오거나, 팔꿈치가 중심선 뒤로 넘어가기 때문인데요. 특히 팔꿈치가 뒤로 넘어가는 자세로 수영을 하면 어깨에 무리가 갈 뿐만 아니라 팔이 돌아가는 궤적이 커져 비효율적인 수영을 하게 됩니다. 좀 더 편하고 부드러운 수영을 하기 위해서는 롤링을 한 상태에서 어깨를 중심으로 어깨동무하듯이 팔꿈치가 중심선에서 멀어지게 와야 합니다. 팔꿈치를 위로 들면서 옆으로 나오는 겁니다. 어깨동무하듯이 옆으로 가져온 다음 그대로 앞으로 넣어주세요! 팔꿈치는 '어깨동무하듯이!' 옆으로 가져오는 겁니다. 팔이 자꾸 뒤로 빠지는 분들은 이마보다 앞쪽으로 가져온다고 생각하고 연습해 주세요.

자유형 팔꺾기 자세

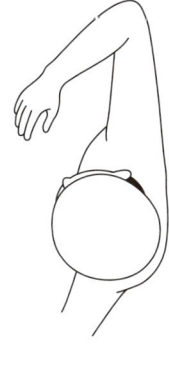

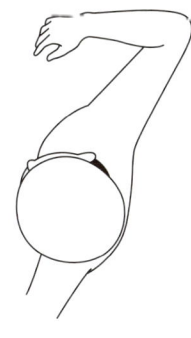

팔꿈치가 중심선으로 옴　　　　팔꿈치가 중심선 뒤로 넘어감

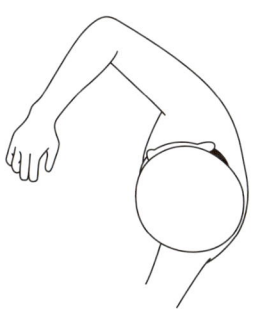

자유형 팔꺾기를 할 때는 팔꿈치를
어깨동무하듯이 옆으로 가져오세요!

3. 손을 머리 위로 들어라

자유형을 하다 보면 팔꺾기를 할 때 팔꿈치를 위로 들어 주면서 하이 엘보*를 잘해야 한다는 생각을 많이 할 겁니다. 그러나 제가 오래 가르치면서 느낀 건 팔꿈치를 강조할수록 팔에 힘이 더 많이 들어가고, 자세도 더 이상해진다는 겁니다. 팔꺾기는 팔 전체가 가야 하는 것인데 팔꿈치만 신경 쓰니까 손이 따라오질 않는 겁니다. 이제부터 알려드리는 동작은 누구나 쉽게 따라 할 수 있고, 자세도 예쁘게 잡히는 동작이니 모두 그림을 보면서 한번 따라 해보세요!

먼저 차렷 자세에서 오른손을 오른쪽 가슴 앞으로 자연스럽게 들어보세요. 그다음 오른쪽 눈앞을 지나 그대로 머리 위까지 들어주는 겁니다. 이렇게 팔꿈치에 중점을 두는 것이 아니라 손을 중심으로 팔꺾기 동작을 연습하는 겁니다.

지금 따라 해본 분들은 느끼셨을 거예요, 팔에 힘이 많이 들어가지 않는다는 것을요! 이 동작을 킥판을 잡고 똑같이 연습하면 됩니다. 당기면서 롤링을 해주고, 그대로 오른손이 오른쪽 가슴을 지나고, 오른쪽 눈을 지나서 머리 위까지 들어주는 겁니다. 이런 식으로 리커버리 동작이 편하게 이루어지는 겁니다.

---

* 하이 엘보(High Elbow): 수영 영법에서 팔꿈치를 높게 유지하며 물을 잡는 기술

손을 중심으로 팔꺾기 연습하기

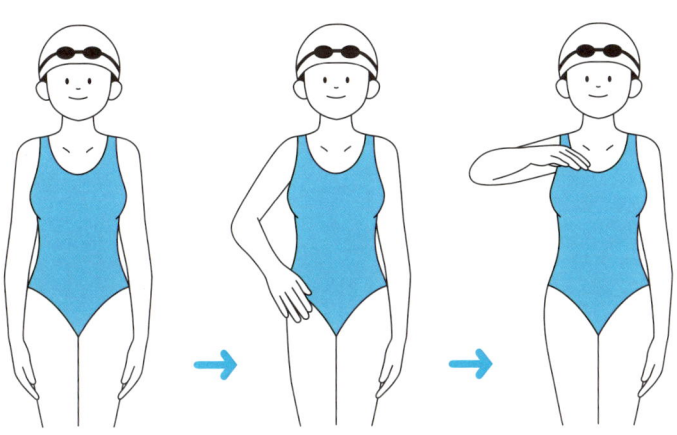

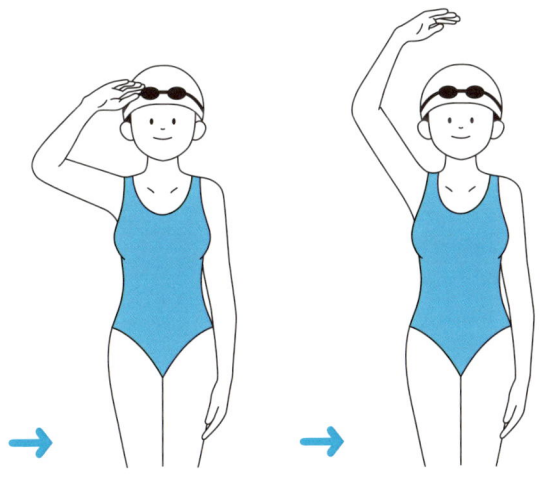

4. 손끝으로 자연스럽게 넣어주기_엔트리

자유형 팔꺾기를 하는 걸 보면 자세는 좋은데 마지막 찔러주는 동작인 엔트리를 하지 않는 분들이 너무나 많습니다. 수면에 손을 그냥 올려놓는 분들부터 수면 바깥에서 팔을 다 편 채 수면에 하이파이브를 하는 분들까지, 엔트리 동작 하나 때문에 팔꺾기 동작을 망치는 분들이 정말 많습니다. 엔트리 동작은 어렵게 생각할 필요 없습니다. 머리 위까지 들어줬던 손 기억하시죠? 그 손 모양 그대로 롤링을 풀면서 그대로 물에 넣으면서 앞으로 밀어주는 겁니다. 이때 자연스럽게 머리가 같이 따라 들어가는 겁니다. 머리는 손이 들어갈 때 같이 들어가는 겁니다! 그렇게 해야 숨 쉴 시간도 더 확보할 수 있고, 롤링도 자연스럽게 풀립니다. 머리는 손과 같이 넣어주세요!

앞으로 더 멀리, 자유형 글라이딩

1. 자유형 글라이딩의 정확한 타이밍

수영인이라면 모두 한 번의 스트로크로 길게 미끄러져 나가는 자유형에 대한 로망이 있을 겁니다. '글라이딩'은 힘을 써서 추진력을 만들고, 그 추진력을 이용해서 앞으로 나아가는 형태를 말합니다. 스케이팅 선수들이 길게 길게 스케이팅하는 모습이 정확한 예입니다. 수영도 똑같습니다. 물을 밀어내면서 동시에 앞으로 길게 손끝을 밀어주면서 미끄러져 나가는 거죠.

그런데 수강생분들을 보면 잘못된 타이밍에 자유형 글라이딩을 해서 앞으로 안 나가는 경우가 많습니다. 이런 분들은 보통 스트로크를 시작할 때(캐치 구간) 손끝을 밀기 시작합니다. 앞에서도 설명했지만 앞으로 나가는 타이밍은 스트로크 마지막 구간(푸시), 물을 뒤로 보내는 타이밍입니다. 캐치, 풀 구간에서는 글라이딩을 해도 아무 소용이 없습니다. 이때는 손끝을 그냥 가만히 두면 됩니다. 가만히 기다리세요. 잘 잡아 온 물을 뒤로 밀어줄 때, 이때 손끝을 최대한 앞으로 밀어주면서 미끄러져 나가는 겁니다!

2. 글라이딩은 손으로 미는 것이 아니다

자유형 글라이딩을 하라고 하면 대부분 손을 앞으로 최대한 밀려고 합니다. 그런데 '손'을 밀려고 하면 오히려 어깨와 팔에 힘이 많이 들어가게 됩니다. 글라이딩이 앞으로 나가는 데 오히려 방해가 되는 셈이죠. 해결 방법을 알려드릴게요. 손을 들고 어깨를 으쓱해 보세요. 손이 더 위로 올라가죠? 거기서 광배근을 늘려보세요. 손이 더 높이 올라가게 됩니다. 그게 바로 글라이딩입니다. 광배근에 집중해서 글라이딩을 해주세요. 손은 알아서 더 멀리 가게 될 겁니다.

3. 글라이딩은 내리막길을 수영하는 것처럼

수영할 때는 손끝의 방향으로 가는 방향이 정해집니다. 그런데 보통 손끝을 밀어주면서 글라이딩을 하라고 하면 손을 수면 위로 미는 경우가 많습니다. 이렇게 되면 손이 위로 가면서 다리는 가라앉고, 마치 오르막길을 오르는 듯한 수영을 하게 됩니다. 저항은 더 심해지고, 앞으로는 안 나가서 금방 지치게 되죠. 방법은 간단합니다. 손바닥은 바닥을 향하게 하고, 가볍게 내리면서 글라이딩을 해주세요. 손이 내려가면 다리가 저절로 뜨면서 우리의 몸은 내리막길을 내려가듯이 앞으로 쭉 미끄러져 나가게 됩니다.

가장 쉽고 자연스러운 자유형 물잡기

제가 생각했을 때 자유형 물잡기는 물론 중요하지만, 그렇다고 선수만큼 잘할 필요는 없는 기술이기도 합니다. 수영 영상들을 보면 팔꿈치는 그대로 있고, 손만 내리는 하이 엘보 캐치를 많이 구사하는 걸 볼 수 있는데요. 일반 사람들이 섣불리 따라 하면 물을 느끼지도, 잡지도 못할뿐더러 자칫하면 어깨 부상을 당하기도 쉽습니다. 이제부터 제가 알려드리는 물잡기는 현실적으로 따라 하기도 쉽고, 어깨에 부담도 가지 않는 자연스러운 물잡기 방법입니다. 모두 한번 따라 해보세요!

1. 손끝은 밑으로

물잡기를 제대로 하지 못하는 분들의 가장 큰 특징이 뭘까요? 바로 손목이 뒤로 넘어가면서 물을 쓰다듬듯이 당기거나 손목을 안으로 꺾으면서 잡는다는 겁니다. 그렇게 되면 물을 손바닥만큼밖에 잡지 못합니다. 또 S를 그리듯이 손이 안으로 들어오는 분들도 있습니다. 제일 중요한 것은 손목은 그대로 유지한 채 손끝이 밑으로 가게 물을 잡는 겁니다.

자, 팔을 편 상태에서 그대로 내려 보세요. 손끝이 밑으로 가죠? 그것이 물잡기입니다. 전혀 어려운 게 아닙니다. 물이 너무 무겁게 잡힌다면 팔을 그대로 내리면서 팔꿈치만 살짝 바깥으로 빼주는 겁니다. 우리는 선수들이 하는 물잡기를 따라 하면 안 됩니다. 그 동작이 멋있는 동작처럼 보일 수도 있지만, 따라 할수록 수영은 점점 어려워질 테니까요. 그렇지 않아도 어려운 수영, 더 어렵게 생각하지 말고 그냥 손끝이 바닥을 향하게 내리면서 물을 느껴주세요. 물이 무겁게 느껴질수록 물잡기를 잘한 겁니다!

2. 물잡기는 손으로만 하는 게 아니다

아무래도 손의 신경이 예민하니 물잡기를 할 때 손바닥은 물이 가장 잘 느껴지는 부분이긴 합니다. 그래서인지 대부분 손에 집중해서, 손으로만 물을 잡습니다. 그러나 물은 팔꿈치밑 전완근으로 잡아 오는 겁니다. 물잡기를 할 때 적은 양의 물 밖에 잡지 못하는 이유는 바로 이 전완근을 전혀 사용하지 못해서입니다. 전완근을 잘 쓰는 방법은 간단합니다. 주먹 쥐고 자유형을 해보는 겁니다. 주먹을 쥐면 손에는 물이 전혀 걸리지 않아 전완근에 집중할 수 있습니다. 주먹 쥐고 자유형을 하면서 전완근에 물이 걸리는 걸 한번 느껴보세요. 한두 바퀴 돌 때까지는 물이 전혀 걸리지 않을 겁니다. 세 바퀴 정도 이후부터 전완근에 물이 조금씩 느껴지면서 물을 잘 잡을 수 있습니다. 전완근에 물이 조금씩 느껴질 때 다시 손을 펴서 자유형을 해보세요. 평소 잡았던 물보다 두세 배는 더 잡힐 겁니다. 이처럼 물잡기는 전완근과 손바닥으로 넓게 잡아 오는 겁니다.

3. 물잡기는 컨트롤 가능한 정도만

물잡기를 무겁게 하면 앞으로 잘 나갈 거라는 생각에 물을 아주 강하게 잡는 분들이 많습니다. 하지만 물을 너무 무겁게 잡으면, 잡은 물을 당기려고 할 때 당기는 도중에 힘이 다 빠져서 끝까지 밀지 못하고 팔이 중간에 빠져 버립니다. 결국 물을 뒤로 밀어내지 못해 앞으로 나가지 못하죠. 앞에서도 얘기했지만, 물잡기를 강하게 한다고 해서 앞으로 나가는 게 아닙니다. 잡은 물을 뒤로 밀어줄 때 나가는 거죠. 그러니 물을 너무 무겁게 잡을 필요는 없습니다. 우리 몸만 더 빨리 지칠 뿐입니다. 손을 그대로 내리면서 물이 입체적으로 느껴지는 정도로만 잡아도 충분합니다. 중요한 건 마지막에 밀어주는 순간이니, 물을 끝까지 밀 수 있는 정도로만 잡아주세요.

자유형 비트킥, 박자를 타보자

저는 자유형 비트킥을 그렇게 선호하지는 않습니다. 수영은 전신운동인데 자유형 비트킥을 익히는 순간 상체로만 수영하는 습관이 들게 돼서 그렇습니다. 하지만 그럼에도 비트킥을 익혀야 하는 이유는 스트로크와 발차기의 조화가 잘 이루어지고, 체력 소모가 적어 좀 더 긴 거리를 수영할 수 있어서입니다. 지금부터 아주 쉬운 방법으로 2, 4, 6비트킥 모두 알려드릴게요!

1. 2비트킥

왼손, 오른손 스트로크를 한 사이클로 볼 때 킥을 두 번만 차면 2비트킥입니다. 우선 왼손을 당긴다고 생각해 보세요. 롤링이 어느 쪽으로 되죠? 당연히 왼쪽으로 될 겁니다. 그때 왼쪽 킥을 한번 차주는 겁니다. 오른손을 당길 때는 오른쪽 킥을 한번 차주면 되죠. 그런데 이렇게만 설명하면 박자와 타이밍을 헷갈려 하는 분들이 많은데요. 2비트킥을 헷갈리지 않게 쉽게 하는 방법은 킥을 먼저 차고 그다음 당기는 겁니다. 왼쪽 킥을 먼저 차고 왼손을 당기고, 오른쪽 킥을 먼저 차놓고 오른손을 당기면 되는 겁니다. 킥을 차놓으면 헷갈리지 않고 2비트킥을 자연스럽게 할 수 있습니다.

2. 4비트킥

보통 4비트킥이라고 하면 왼쪽 킥 한 번, 오른쪽 킥 세 번 혹은 왼쪽 킥 세 번, 오른쪽 킥 한 번 차는 게 정석이라고 말합니다. 하지만 막상 이렇게 4비트킥을 하면 세 번 차는 게 정말 어렵게 느껴지실 거예요. 타이밍 맞추기도 훨씬 어렵고, 킥이 뒤죽박죽되기도 쉽습니다. 그래서 저는 이렇게 세 번 차는 것보다는 두 번씩 먼저 차보라고 합니다. 왼손에서 왼발, 오른발 그다음 오른손에서 오른발, 왼발, 이렇게 말이죠. 어렵게 생각할 필요 없습니다. 우리는 2비트킥을 하면서 벌써 4비트킥을 했을 수도 있습니다. 왼발을 한 번 차는 순간 의식하지 않아도 오른발도 자연스럽게 차졌을 테니까요. 마치 무릎을 고무망치로 툭 치면 발이 저절로 올라오는 무조건 반사처럼, 왼발을 찰 때 오른발도 자연스럽게 따라왔을 겁니다. 그렇게 2비트킥을 하면서 뒷발을 의식적으로 차지 말고 자연스럽게 킥이 나오게 연습해 보세요. 그럼 4비트킥도 금방 익힐 수 있습니다.

3. 6비트킥

6비트킥은 비트킥의 끝판왕이라고 할 만큼 어려워하는 사람이 많습니다. 특히 수영장에서는 앞사람은 가고 있고, 뒷사람은 쫓아오는 상황이니 더욱 하기 힘들죠. 쿵짝짝, 쿵짝짝 비트를 맞추는 건 생각하지 마세요. 비트를 맞추려고 하면 오히려 6비트킥이 더 어렵게 느껴질 겁니다. 일단 왼손을 당길 때 왼발, 오른발, 왼발 순서로 빠르게 따다당 차주세요. 팔을 당기면서 빠르게 세 번 다 차버리는 겁니다. 그다음 다리를 쭉 뻗고 기다리세요. 다리가 뻗어져 있는 상태에서 리커버리가 끝나면 오른손을 당기면서 오른발, 왼발, 오른발 순서로 또 빠르게 따다당 차주는 겁니다. 즉 2비트킥, 4비트킥처럼 당기는 동작에서 모든 킥을 끝내버리는 겁니다. 저는 이걸 '감전 비트킥'이라고 합니다. 잠깐 감전된 것처럼 순식간에 세 번의 킥을 차주는 거죠! 이렇게 연습하다 보면 조금씩 여유가 생깁니다. 그렇게 되면 킥도 조금씩 느리게 컨트롤할 수 있습니다.

백조 같은 배영

CHAPTER 2

물 안 먹고 편안하게 뜨는 방법

모든 영법 중 배영을 가장 싫어하는 분들이 많습니다. 앞이 보이지 않고, 잘 나가지도 않을뿐더러 코와 입에 물이 계속 들어와 힘들기 때문이죠. 보통 자유형을 배우고, 배영을 어느 정도 익히고 나면 바로 다음 영법으로 넘어가는 경우가 많다 보니 연습할 시간도 부족합니다. 그래서 처음에는 쉽게 느껴지지만, 막상 하려고 하면 생각처럼 잘되지 않죠. 하지만 제가 생각했을 때 배영만큼 편한 영법은 없습니다. 배영이 잘 안되는 이유는 하나뿐입니다. 연습을 안 해서 그렇죠! 하나씩 문제점들을 고쳐가다 보면 어느새 제일 편한 영법이 되어 있을 겁니다. 이제부터 하나씩 고쳐볼까요?

1. 배영은 편하게 눕는 것부터

물에 눕기 전에 제일 먼저 해야 할 것은 어깨가 다 잠기게 살짝 앉는 겁니다. 얼굴만 물 밖으로 나와 있는 상태죠. 그런데 대부분 서 있는 상태에서 바로 눕거나, 벽을 강하게 차면서 눕습니다. 그렇게 되면 위에서 떨어지는 형태로 시작하니 시작하자마자 얼굴이 물에 잠기게 되죠. 시작부터 코와 입에 물이 한가득 들어가는 겁니다. 처음으로 돌아가서 어깨가 다 잠기게 앉은 뒤에 숨을 마시고 참은 상태에서 위를 보며 가볍게 누워주세요. 그럼 물은 하나도 튀지 않으면서 가장 안정적으로 누울 수 있습니다.

2. 다리는 원래 가라앉는 것

상체는 폐가 있어 가라앉지 않지만, 하체는 가라앉는 게 일반적입니다. 특히 남자분들의 경우엔 다리에 근육량이 많아서 가라앉는 분들이 많습니다. 물에 편하게 누운 상태에서 가만히 있어 보세요. 다리가 천천히 가라앉을 겁니다. 여기서 발등을 살살 올려 차는 겁니다. 앞으로 나가는 게 목적이 아니에요! 발을 한 계단 한 계단 조금씩 띄우는 겁니다. 그렇게 수면까지 띄워주는 겁니다. 배영을 할 때 나를 힘들게 하는 건 나 자신입니다. 몸을 띄우려고 가슴을 내밀거나 배를 막 내밀죠. 가슴과 배를 내밀면 내밀수록 머리는 뒤로 빠집니다. 그럼 얼굴은 가라앉고 코와 입에 물이 또 한가득 들어가죠. 뜨려고 하지 마세요! 가만히 누워서 발차기로 발만 띄워주는 겁니다.

3. 배영의 기본은 복근에 힘을 주는 것

배영을 배울 때 편하게 누우라는 얘기를 많이 들으셨을 겁니다. 그런데 우리는 누운 자세에서 허리가 가라앉지 않게 하려고 척추기립근에 자꾸 힘을 줍니다. 거기서부터 발차기는 올려 차지 못하게 되고 감전 발차기가 시작되는 겁니다. 여러분들이 하체에 힘이 부족해서 다리가 가라앉는 게 아닙니다. 기본 자세가 잘못된 겁니다. 다음 그림은 해군 SSU 심해잠수사에서 제일 많이 하는 발차기 연습 자세입니다.

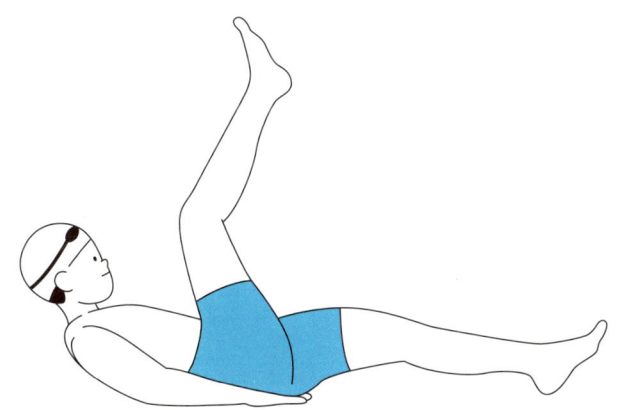

이렇게 발을 위로 들어 올려 코어에 힘이 들어간 상태에서 위아래로 발차기를 해야 합니다. 그림을 보면 내 몸보다 위에서 발차기가 이루어지죠? 배영도 똑같습니다. 내 몸보다 위에까지 찬다는 느낌으로 발차기를 차줘야 다리가 뜨면서 앞으로 잘 나갈 수 있습니다. 항상 코어 앞쪽에 힘을 주고 차주세요!

4. 시선은 어디를 봐야 할까?

배영할 때 "턱을 들지 말고, 당기세요"라는 말을 많이 들으셨을 겁니다. 시선은 위에서 살짝 아래를 보라고도 하죠. 그런데 사실 이 방법은 그다지 도움이 되는 방법이 아닙니다. 배영은 물에 누워서 하는 영법이다 보니, 속도가 붙으면 마치 모터보트가 나아갈 때처럼 정수리 쪽이 위로 살짝 뜨게 됩니다. 그렇게 되면 자연스럽게 시선도 위에서 밑으로 떨어지게 되죠. 빠르게 나아가는 배영 선수들의 모습을 보면 이 자세가 잘 보입니다. 하지만 우리는 시합을 준비하는 게 아니라, 편안하고 효율적으로 수영을 즐기기 위해 배영을 배우는 것이니 굳이 시선을 일부러 아래로 떨어뜨리려고 애쓸 필요는 없습니다.

그렇다면 시선은 어디를 보면 좋을까요? 기준은 간단합니다. 바로 턱 밑을 수면에 맞춰주는 겁니다. 몸이 잘 뜨는 분들은 머리가 들릴 수 있으니 이런 경우에는 턱을 살짝 당겨서 턱 밑을 수면에 맞춰주면 됩니다. 반대로 몸이 잘 가라앉는 분들은 입이 가라앉을 수 있으니 이런 경우에는 턱을 살짝 들어서 위를 봐주는 겁니다. 작은 차이 같지만, 시선만 교정해도 배영이 한결 편안해질 수 있습니다. 배영을 할 때 수면이 어디 있는지 보면서 턱 밑을 수면에 맞추는 연습을 해주세요!

배영의 사이드킥은 자유형이랑 다르다

1. 정강이를 올려 차주자

배영 발차기를 하다가 쥐가 나는 경우가 생각보다 많습니다. 물 안에서 차는 킥이다 보니 하체를 많이 써서 그런 경우도 있지만 대개 발목에 힘을 과도하게 줘서 종아리, 발바닥에 쥐가 나는 경우가 많습니다. 배영 발차기에서는 발목에 힘이 완전히 풀려 있어야 물을 더 효율적으로 밀어낼 수 있습니다. 그러려면 우선 다리를 밑으로 떨어뜨려야 합니다. 무릎을 구부려서 발을 떨어뜨리는 게 아니라, 다리 전체를 밑으로 가볍게 떨어뜨리세요. 그다음 발목에는 힘을 완전히 풀고, 발차기를 올려 찰 때 정강이로 물을 퍼 올린다는 느낌으로 차보세요. 발등에 물이 저절로 걸리면서 효율적으로 물을 찰 수 있습니다. 정강이의 면적을 사용하면서 발목의 부담도 없으니 더 편해지겠죠?

2. 배영킥 핵꿀팁

대부분 배영킥을 찰 때 위로 차는 업킥은 발등으로 물을 퍼 올린다는 느낌으로 집중해서 잘 찹니다. 하지만 다리가 다시 밑으로 떨어지면서 발바닥으로 차는 다운킥은 신경을 잘 쓰지 않습니다. 이렇게 업킥만 신경 쓰면 두 번의 킥만 차게 되지만, 다운킥까지 신경 쓰면 총 네 번의 킥을 찰 수 있습니다. 배영킥은 물 안에서 차는 발차기이기 때문에 조금만 신경 써도 다운킥을 잘 느낄 수 있습니다. 발등으로 물을 퍼 올리듯이 차주고(업킥), 다시 돌아올 때 발끝을 먼저 내려주면서 발바닥으로 물을 긁어주듯이 물을 한 번 더 눌러주는 겁니다(다운킥). 이때 다리는 구부러지면 안 되고, 편 상태 그대로 내려와야 합니다. 무릎이 구부러지면 물을 눌러주지 못하니까요!

3. 배영의 사이드킥은 45도 안에서

앞에서 설명한 것처럼 자유형 사이드킥을 할 때는 완전히 옆으로 차는 형태의 발차기를 해야 합니다. 숨을 쉬어야 하기 때문에 골반이 완전히 돌아가면서 킥이 이루어지는 거죠. 그래서인지 수강생분들을 보면 배영 사이드킥도 완전히 옆으로 돌아간 형태로 발차기를 하는 경우가 많은데요. 이렇게 차면 다리는 바로 가라앉고, 팔돌리기를 할 때 팔이 과도하게 뒤로 넘어갑니다. 배영은 팔을 옆으로 당겨오는 영법이기 때문에 배영 사이드킥은 완전히 옆으로 차는 킥의 형태가 아닌 왼쪽 45도, 오른쪽 45도 안에서 항상 위로 발차기가 이루어져야 부력을 유지하면서 편한 배영을 할 수 있습니다.

배영만 하면 옆으로 가는 이유

1. 배영은 옆으로 당기는 것

배영 팔동작을 처음 배울 때 '배영 팔돌리기'라고 배우니까 팔을 뒤로 돌려 물을 누르면서 하는 영법이라고 생각하는 사람들이 많습니다. 지금부터 '팔돌리기'는 잊으세요! 또 귀를 스치면서 팔을 돌리라고도 배우는데, 이렇게 귀를 스치듯이 돌리면 역시 팔이 뒤로 넘어가면서 물을 누르게 됩니다. 물을 뒤로 누르면 몸이 위로 떴다가 다시 가라앉게 되겠죠. 여기서부터 우리는 배영을 싫어하게 됩니다. 몸이 가라앉으면 아무리 호흡을 잘해도 물을 먹을 수밖에 없으니 말이죠. 또 이렇게 팔이 뒤로 돌아가면 어깨의 가동 범위 바깥에서는 팔을 젓게 되어 어깨 부상 위험도 커집니다. 팔은 절대 뒤로 저으면 안 됩니다. 배영은 편안하게 떠서 가는 영법입니다. 팔을 가볍게 머리 위로 들어서 옆으로 가져오세요!

2. 배영만 하면 왜 자꾸 옆으로 갈까?

"쌤! 저는 배영할 때 자꾸 옆으로 가는데 왜 그럴까요?"

제 유튜브 채널 중 배영 영상에 가장 많이 달리는 질문입니다. 그만큼 많은 수영인들이 고민하고 어려워하는 문제죠. 하지만 걱정하지 마세요. 지금부터 제 설명을 들으면 단번에 이해가 될 겁니다!

우리가 팔을 위로 들어서 옆으로 당길 때 12시에서 3시 방향까지는 손바닥이 바깥을 향합니다. 그리고 3시에서 6시 방향까지는 손바닥이 바닥을 향하죠. 우리가 옆으로 가는 이유는 손을 당기기 시작하는 12시 방향부터 강하게 힘을 줘서 젓기 때문입니다. 이 구간은 캐치 구간이기 때문에 물을 강하게 젓는 구간이 아닙니다. 물을 가져온다는 느낌으로 가볍게 내려주면 됩니다. 3시 방향으로 내려온 손바닥이 아래로 향하는 이 시점에서 강하게 저어주는 겁니다. 그럼 물이 뒤로 보내지면서 우리는 앞으로 나가게 되는 거죠. 정리하면, 12시부터 3시까지는 천천히, 3시부터 6시까지는 빠르게 젓는다고 생각하시면 됩니다!

3. 물폭탄 배영은 그만!

배영할 때 옆 라인에서 튀는 물결에 물을 먹는 경우도 있지만 잘못된 팔동작으로 인해 물을 먹는 경우가 더 많습니다. 그 이유는 손이 완전히 입수되지 않고 물 밖에 있는 상태에서 바로 당기기를 해서 그렇습니다. 손이 물 밖에 있는 상태에서 당기기를 시작하면 공기까지 물 안으로 가져와 물이 많이 튀게 됩니다. 제가 말씀드렸죠? 배영을 힘들게 만드는 건 자기 자신이라고요. 자, 손을 눈앞으로 들고 머리 위로 들어주세요. 그다음 새끼손가락(손날)부터 물속으로 넣어줍니다. 그다음 내 손이 완전히 물 안으로 다 들어갔다 느껴지면 천천히 내리면서 당겨주는 겁니다. 물이 튀지 않게, 고요하게 하는 것이 좋은 배영입니다. 이제부터는 손을 완전히 넣어준 다음 당겨주세요.

배영은 원래 물 먹는 건가요?
배영 호흡법

배영은 얼굴이 계속 떠 있는 채로 가는 영법이기 때문에 자유형과는 호흡이 다르게 이루어져야 합니다. 자유형은 왼팔을 돌릴 때 숨을 참아야 하지만 배영은 숨을 참는 구간이 없습니다. 왼팔 스트로크에 숨 한 번, 오른팔 스트로크에 숨 한 번… 계속해서 숨을 이어가는 겁니다. 자, 순서대로 차근차근 알려드릴게요.

　우선 차렷 자세에서는 호흡을 천천히 마십니다. 그다음 왼팔 스트로크를 시작하는 동시에 코로 '음~' 하면서 숨을 내쉽니다. 다시 차렷 자세로 돌아올 때까지 계속해서 '음~'을 해주는 겁니다. 그렇게 해줘야 팔을 돌릴 때 튀는 물이 코로 들어가는 걸 막아줄 수 있습니다. 다시 차렷 자세가 되면 입으로 천천히 마셔주세요. 오른팔 스트로크도 똑같습니다. 팔을 돌리는 동안 '음~'을 계속해서 해주는 겁니다. 중요한 건 팔을 머리 위로 들고 옆으로 내리는 그 긴 시간 동안 코로 숨을 내쉬는 게 끊기면 안 된다는 겁니다.

코에 물이 들어가는 경우는 대부분 코로 내쉬는 중간에 호흡이 끊기거나 처음부터 숨을 참고 팔돌리기를 하기 때문입니다. '음~'을 한번 시작했으면 스트로크가 끝날 때까지 끊기면 안 됩니다. 호흡이 짧은 분들은 평소에 '음~'을 최대한 얇고 길게 내쉬는 연습을 해주세요.

이제 호흡을 팔동작에 적용해 볼까요? 제가 생각하는 최고의 연습 방법은 양팔 배영입니다. 두 손을 동시에 들면서 '음~'을 시작합니다. 양팔 당기기가 다 끝날 때까지 '음~'을 이어가고, 다시 차렷 자세로 오면 입으로 숨을 마시는 겁니다. 이렇게 양팔을 동시에 들면 몸이 가라앉습니다. 그럼 얼굴이 물 안으로 들어가게 되니 내가 코로 숨을 정확히 내쉬고 있는지 아닌지를 확실하게 알 수 있죠. 또 양팔로 당기기 때문에 몸이 더 잘 떠서 마시는 타이밍을 정확하게 알 수 있습니다. 배영 호흡법은 양팔 배영으로 꼭 연습해 보세요.

이 방법을 상급 배영에 똑같이 적용하면, 오른팔을 머리 위로 올린 동작에선 입으로 호흡을 천천히 마셔줍니다. 오른팔을 당기면서 왼팔이 넘어가는 동안 '음~'을 길게 해줍니다. 다시 왼팔이 머리 위에 있을 때 호흡을 마시고, 왼팔을 당기면서 오른팔을 넘기는 동안에는 똑같이 '음~'을 길게 해줍니다. 중요한 건 마시는 동작에서는 동작을 멈추고 호흡에만 집중하고, 스트로크를 하는 동안에는 '음~'을 길게 해주는 겁니다. 영상 보면서 이미지 트레이닝 해볼게요!

배영에도 글라이딩이 있다

1. 배영의 기본은 유선형부터

모든 영법이 마찬가지겠지만 유독 배영은 유선형 자세가 잘 잡히지 않으면 앞으로 나가지 않습니다. 또 양팔은 귀 뒤로, 뒤통수에 붙여 머리를 고정하는 자세가 나오지 않으면 배영을 할 때 팔이 잘 넘어가지 않아 많은 어려움이 생깁니다. 차렷 자세에서 배영 발차기가 잘된다면 다음으로는 배영 유선형 발차기 연습을 정말 많이 해야 합니다. 강습을 받을 때도 이 발차기는 많이 연습할 텐데요. 그럼에도 정말 힘들고 어렵죠. 그건 유연성이 부족해서도 있지만 정확한 유선형을 만들지 못해서이기도 합니다. 팔을 귀 뒤로 붙여 조이는 동작을 했다고 유선형

배영 유선형 자세

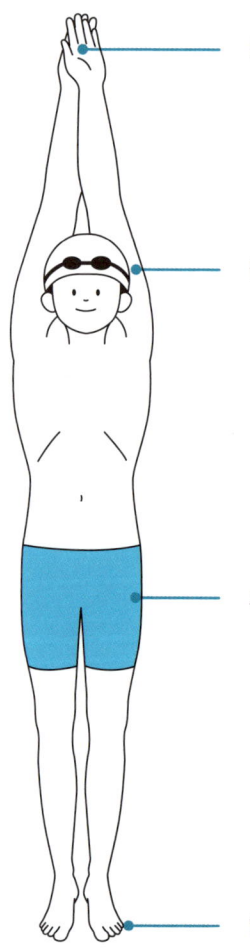

- 양 손바닥을 겹쳐서 엄지로 고정
- 팔은 귀 옆 또는 귀 뒤에 붙여 머리를 고정
- 꼬리뼈에 긴장감 유지하고 엉덩이에 힘주기
- 발끝까지 쭉 편다는 느낌으로 힘주기

자세가 되는 게 아닙니다! 양팔을 귀 뒤에 붙인 상태에서 고개를 들고 가슴을 열어줘야 합니다. 그럼 허리가 꼿꼿하게 세워질 겁니다. 이 상태에서 배영 발차기를 해주세요. 이 자세가 편해질 때까지요!

2. 과한 롤링이 배영을 망친다

배영의 기본 자세를 차렷 자세라고 알고 있는 분들이 많을 겁니다. 보통 기초 배영을 배울 때 차렷 자세에서 배영을 배우는데 그 후에 다른 영법을 배우다 보면 배영은 자연스레 등한시되기 때문이죠. 그래서 상급반이 됐는데도 차렷 배영을 하는 분들이 많습니다. 배영의 기본 자세는 차렷 자세에서 한 팔을 위로 올린 자세입니다. 여기서 중요한 건 손을 물 안에 넣을 때 어깨도 자연스럽게 같이 넘겨주면서 물 안으로 넣는 겁니다. 억지로 몸을 돌리면서 어깨를 꺼내려는 분들이 많은데요. 이렇게 되면 고개가 꺾이고, 유선형도 깨지면서 지그재그로 가는 배영이 됩니다. 억지로 롤링하지 마세요! 머리는 항상 고정하고, 손을 넣는 동시에 어깨를 물 안으로 넣으면 반대쪽 어깨가 물 밖으로 나오면서 자연스러운 롤링이 됩니다.

3. 배영에도 글라이딩이 있다

배영은 다른 영법들과 다르게 글라이딩 없이 팔을 연속적으로 돌리는 영법이라고 합니다. 이론상으론 그렇지만 그건 선수들의 영역이고, 저는 글라이딩을 길게 유지하면서 하는 배영을 알려드리려고 합니다. 우선 배영 글라이딩을 하려면 한 팔을 위로 올린 상태에서 발차기를 편안하게 유지하는 것을 연습해야 합니다. 여기서 몇 가지 팁을 드리자면, 먼저 손을 위로 들어 물에 넣을 때 12시에 넣지 말고 1시, 11시 방향으로 넣는 겁니다. 손을 넣으면서 롤링이 자연스럽게 나오는 건데 12시 방향에 넣으면 팔이 뒤로 넘어가서 손이 정수리나 반대 방향으로 넘어가는 경우가 많기 때문이죠. 지그재그 배영의 이유이기도 합니다. 1시, 11시 방향으로 팔을 넣어주면 자연스럽게 팔이 일자가 될 겁니다. 이렇게 일자가 된 자세를 유지하는 상태가 글라이딩이라고 생각하면 됩니다. 그러면 이 글라이딩을 얼마나 유지하고 그다음 팔동작을 시작해야 할까요? 제가 생각하는 좋은 글라이딩은 킥을 6번을 차면서 기다려주는 글라이딩입니다! 손을 1시 방향에 넣으며 롤링을 하고, 킥을 6번을 차면서 글라이딩을 유지해 주고, 그다음 팔동작을 하고 다시 반대 손을 11시 방향에 넣으며 롤링을 한 후에 다시 6번을 차주면서 유지해 주는 겁니다! 킥을 6번 차며 기다리면서 글라이딩을 느껴보세요!

배영 손 넣는 방향

  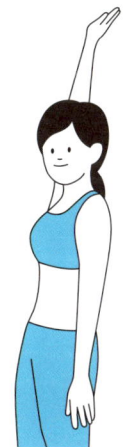

12시 방향에 넣을 경우 → 롤링을 하면 팔이 넘어감

1시 방향에 넣을 경우 → 롤링을 하면 팔이 일자가 됨

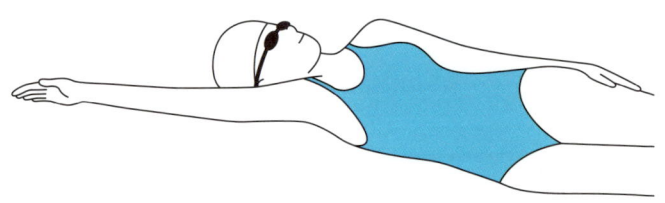

　여기서 사이드킥을 차면 안 됩니다! 킥은 자연스럽게 나온 롤링의 각도만큼 위로 올려 차주는 느낌으로 발을 계속해서 띄워주면서 발차기를 하는 겁니다. 킥은 45도가 넘어가지 않게 해주세요. 위의 그림처럼 한 팔을 위로 올린 상태에서 킥을 차는 이 자세가 배영의 글라이딩입니다. 꼭 연습해 주세요!

배영은 한 팔씩
하는 게 아니다
배영 로테이션

1. 양팔은 서로 반대 지점에 있어야 한다

    강습을 받을 때 팔을 당기는 동작과 넘기는 동작을 동시에 하라는 이야기를 들어본 적 있을 겁니다. 배영은 자유형처럼 한 팔씩 스트로크를 하는 게 아니라 당기는 동작과 리커버리 동작이 동시에 이뤄지고, 동시에 끝나는 영법이기 때문입니다. 하지만 막상 배영을 하면 가라앉지 않기 위해 무의식적으로 당기는 팔에 힘을 많이 쓰게 됩니다. 그럼 당기는 팔은 끝났는데 넘어가는 팔은 아직도 몸 위로 넘어가고 있죠. 팔을 당겨서 추진력을 만들어냈는데 리커버리가 아직도 진행 중이면 리커버리하는 팔이 중력을 받으면서 내 몸을 눌러 몸이 가라앉게 됩니다. 그럼 당연히 앞으로 잘 나갈 수 없겠죠? 지금부터 어떻게 하면 양팔의 교차 타이밍을 잘 맞춰서 앞으로 나갈 수 있는지 알려드릴게요!

2. 넘어가는 손 먼저 출발해라

제가 지금 알려드릴 연습 방법은 '배영 스위치 드릴'입니다. 배영의 기본 자세는 한 팔을 올린 상태라고 말씀드렸죠? 한 팔을 올린 상태에서 발차기를 6~8번 정도 차주면서 3초 기다립니다. 여기서 기다려주는 것이 정말 중요합니다! 그다음 리커버리할 손을 눈앞까지 들어주세요. 손이 눈앞에 보이는 순간, 올라가 있는 팔을 옆으로 당기면서 눈앞에 있는 팔을 머리 위로 넘겨주는 겁니다. 그다음 다시 발차기 6번, 3초 기다리기를 반복하는 겁니다.

여기서 중요한 건 손이 눈앞에 오기 전에 당기는 동작을 시작하면 안 됩니다! 눈앞에 센서가 있다고 생각하고 그 센서에 팔이 포착되면 당기기에 들어가는 겁니다. 이 연습을 하면 팔을 당길 때 다른 팔이 머리 위로 바로 넘어가기 때문에 앞으로 더 잘 나가는 느낌이 들고, 양팔이 끝나는 타이밍이 딱 맞아 좋은 글라이딩 자세가 나옵니다. 손이 눈앞에 오면 당겨주세요!

배영 로테이션 연습

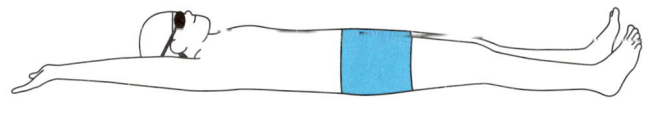

킥 6번, 3초 기다리기

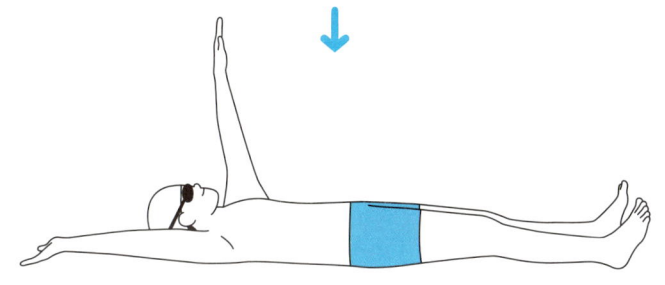

손 눈앞으로 들기

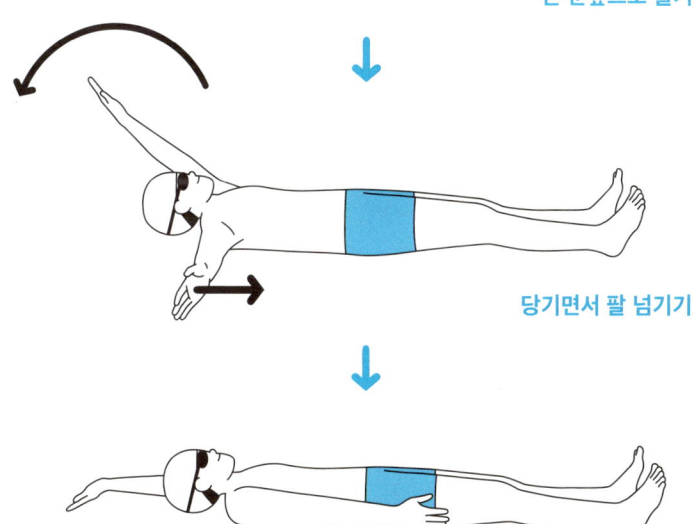

당기면서 팔 넘기기

다시 킥 6번, 3초 기다리기

3. 머리는 항상 고정!

저는 배영에서 가장 중요한 것은 '머리 고정'이라고 생각합니다. 머리가 흔들리면 중심이 깨지고, 좌우 불균형이 생겨서 왔다 갔다 하게 되고, 그만큼 더 많은 에너지 소모가 생기기 때문이죠. 그래서 우리는 항상 머리가 고정될 만큼의 롤링만 해야 합니다. 선수들처럼 유연하고 영법의 완성도가 높으면 더 큰 롤링으로 큰 힘을 만들어낼 수 있지만 우리는 우리가 할 수 있는 것만 해야 합니다! 자, 그럼 한번 연습해 볼까요?

우선 서 있는 상태에서 머리는 고정한 채 몸통만 회전시켜 보세요. 목이 뻣뻣한 분들은 어깨가 넘어올수록 목에 힘이 많이 들어가고 고개가 꺾이게 될 겁니다. 이 연습을 통해 자기가 가능한 정도의 롤링을 찾아가면서 롤링의 각도를 조금씩 조금씩 늘려가는 겁니다. 처음부터 무리하게 돌리지 말고 롤링의 각도를 천천히 늘려보세요!

배영 롤링 각도

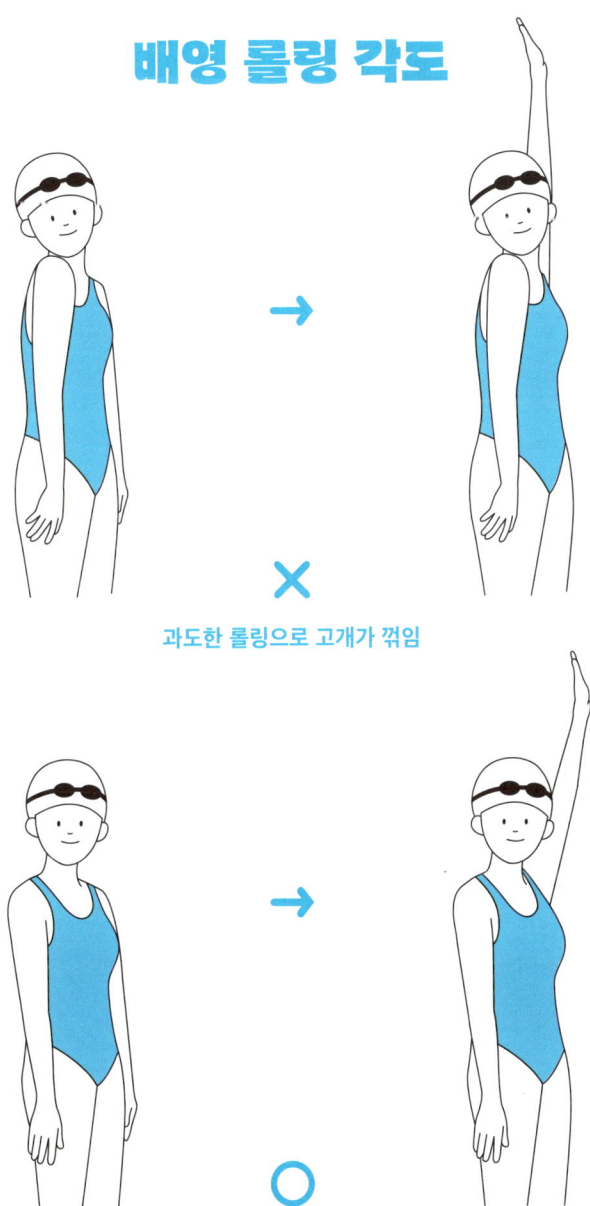

× 과도한 롤링으로 고개가 꺾임

○ 롤링은 고개가 고정되는 가동 범위 안에서 자연스럽게 해주세요!

세상에서 가장 쉬운 배영 물잡기

1. 배영 물잡기 순서

배영 물잡기는 엔트리, 캐치, 풀, 푸시, 이렇게 4단계입니다. 우선 '엔트리'는 '들어가다'라는 뜻이죠. 손이 물 안으로 들어가는 동작입니다. 새끼손가락이 물 안에 들어가면서 어깨가 넘어가는 동작을 말합니다. 이때 중요한 것은 손이 물 안에 들어가서 롤링이 됐다고 엔트리 동작이 끝난 게 아닙니다. 보통 여기서 바로 물잡기를 시작해서 어깨를 다치는 경우가 많은데요. 롤링이 된 상태에서 팔을 완전히 편 상태로 어깨 라인에 일자가 되게 내려줘야 합니다. 이 상태에서 캐치를 해야 어깨에 부담 없이 편안하게 물을 잡을 수 있고, 더 깊은 물을 잡을 수 있습니다.

그다음 '캐치'입니다. 캐치 동작에서는 바깥으로 향했던 손바닥을 안으로 향하게 하고 물을 잡아 옵니다. 여기서 팔꿈치는 버티지 밀고 손과 같이 지언스럽게 내려오면서 어깨동무 하듯 물을 잡아주세요. 단, 팔꿈치가 먼저 빠지는 건 안 됩니다! 손으로 물을 잡아 오면서 팔꿈치와 같은 라인이 되게 잡아주세요. 여기서는 롤링이 풀어지면 안 됩니다. 롤링이 된 상태에서 그대로 물만 잡는 겁니다. 물은 너무 강하게 잡지 말고, 가볍게 느껴주세요!

다음으로 '풀'과 '푸시' 동작입니다. 저는 당기는 동작과 밀어주는 동작을 구분해서 설명하지 않습니다. 당기는 동작과 미는 동작은 워낙 찰나이기도 하고, 끊기면 안 되는 동작이기 때문이죠. 두 동작을 합쳐서 '당기는 동작'이라고 설명하겠습니다. 당기는 동작에서 제일 중요한 것은 롤링이 풀어지면서 롤링의 회전 힘으로 물을 밀어주는 겁니다. 자유형에서도 롤링의 회전 힘으로 잡은 물을 뒤로 밀어주라고 했었죠? 배영도 똑같습니다. 배영에서는 반대로 롤링이 풀어질 때 물을 뒤로 밀어주는 겁니다. 당겨주는 동작에서 롤링이 풀어지고, 반대쪽 팔은 그대로 엔트리로 연결이 된다는 점을 기억해 주세요! 다음 그림을 보면서 머릿속으로 이미지 트레이닝하며 배영 물잡기 동작을 한번 따라 해보세요.

배영 물잡기 동작

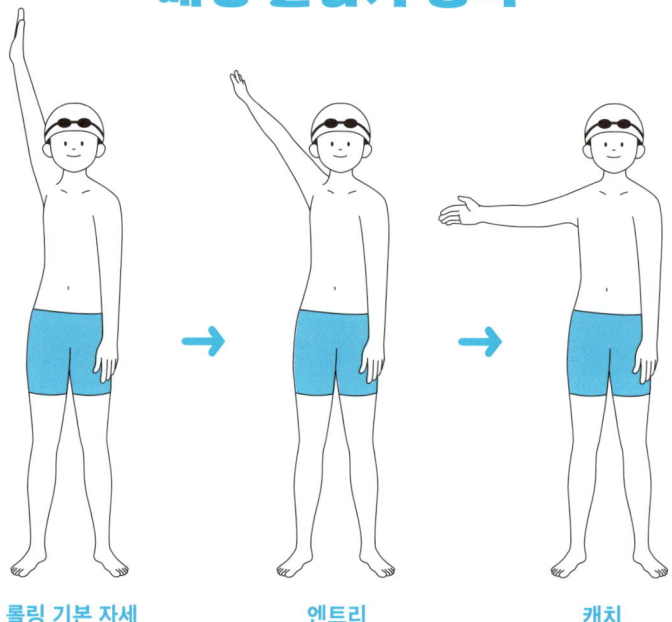

롤링 기본 자세 → 엔트리 → 캐치

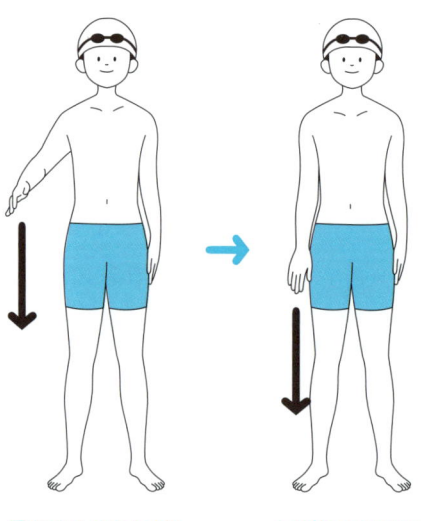

풀(롤링이 풀리기 시작) → 푸시(롤링이 풀어짐)

2. 손바닥은 바닥으로, 마무리는 엉덩이 밑에서

배영에서 사람들이 많이 하는 실수 중 하나가 물을 잡고, 당기는 동작까지 마무리되면 손바닥을 허벅지 옆에 차렷 자세로 가져온다는 겁니다. 이렇게 되면 물이 뒤로 밀리지 않고 중간에 동작이 끊기게 됩니다. 그럼 당연히 앞으로 나가지 않겠죠. 잘 잡아 온 물을 당기면서 발 쪽으로 물을 밀어주면 손바닥이 바닥을 향하게 됩니다. 여기서 마무리 동작이 엉덩이 옆에서 끝나면 안 됩니다! 엉덩이 옆이 아니라 정확히는 엉덩이보다 밑에서 마무리 동작이 끝나야 합니다. 그래야 몸통의 회전을 도와주고, 물을 마지막까지 완벽하게 밀어낼 수 있습니다.

3. 양팔 콤비네이션!

마지막 양팔 콤비네이션은 이제까지 다뤘던 내용이 전부 들어갑니다. 최대한 쉽게 설명해 드릴 테니 그림을 보면서 머릿속에 잘 그려보세요. 양팔은 항상 서로 반대 지점에 있어야 한다는 걸 염두에 두고 동작을 하나하나 봐주세요.

배영 콤비네이션

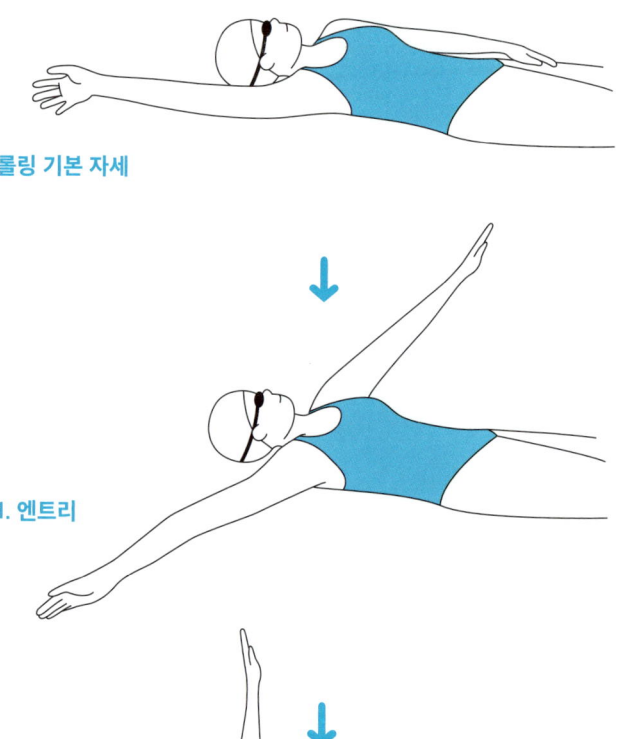

롤링 기본 자세

1. 엔트리

2. 캐치

3. 풀

4. 푸시(피니시)

1. 엔트리 동작에서 손을 가볍게 내리면서 리커버리하는 손도 같은 각도로 들어줍니다.
2. 캐치를 하면서 눈앞까지 손이 오면 중간에서 손이 만납니다.
3. 풀 동작을 하면서 롤링이 풀어지기 시작하고, 리커버리하는 손도 같이 넘어갑니다.
4. 마지막으로 물을 밀어주면서 롤링이 완전히 풀리고, 다시 첫 번째 엔트리 동작으로 들어갑니다.

똥포자를 위한 똥영 꿀팁

CHAPTER 3

평영
발차기는
스쿼트처럼

평영은 '평포자(평영을 포기한 사람)'라는 말이 생길 정도로 많은 분들이 어려워하는 영법입니다. 저도 무릎 연골 수술을 두 번 받고, 발목도 수술한 적이 있어 평영 발차기가 그렇게 좋은 편은 아닙니다. 그래서 더 많이 공부하고, 더 쉽게 가르치려고 노력하다 보니 평영에 도움이 되는 좋은 꿀팁을 많이 알려드릴 수 있게 되었습니다. 지금부터 전부 알려드릴 테니 포기하지 말고 하나하나 배워볼까요?

1. 발과 엉덩이는 같은 선상으로

평영의 기본은 킥의 각도를 만드는 것에서부터 시작합니

다. 평영을 어려워하는 분들은 대부분 킥을 찰 때 무릎을 너무 안 가져오거나 반대로 너무 많이 가져와서 차기 때문인데요. 그렇게 되면 다리가 가라앉거나 물 밖으로 킥을 차게 됩니다. 발을 엉덩이 쪽으로 가져오면서 무릎을 앞으로 당겨오세요. 이때 각도는 120도가 나와야 합니다. 그런데 우리는 로봇이 아니기 때문에 120도를 정확하게 맞추기 힘들겠죠? 또 물 안에서 동작을 하면 물의 저항 때문에 120도를 만들려고 하면 실제로는 150도도 채 가져오지 못합니다. 그래서 동작을 할 때는 완전히 90도 직각을 만든다고 생각하고 가져오세요. 그래야 120도 정도의 좋은 각도가 만들어집니다. 이렇게 무릎을 가져오면 발과 엉덩이가 같은 선상에 있게 될 겁니다. 이 자세가 평영킥을 가장 잘 찰 수 있는 자세입니다.

2. 평영 발차기는 스쿼트처럼

저는 평영 발차기를 항상 스쿼트 하듯이 하라고 설명하는데요. 진짜 스쿼트 자세로 하라는 말은 아닙니다. 쉽게 설명해 드릴게요. 일단 스쿼트 하듯이 완전히 앉아 보세요. 다리는 벌어져도 상관없습니다. 내려갈 수 있는 만큼 완전히 앉아 주세요. 그렇게 완전히 앉은 상태에서 발뒤꿈치가 바닥에 닿게 해

평영 킥 각도

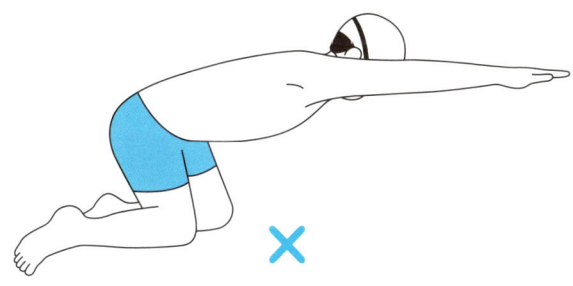

✕ 무릎을 너무 많이 가져옴

✕ 무릎을 너무 안 가져옴

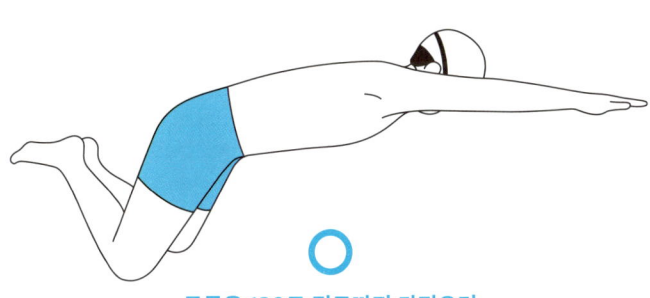

○ 무릎을 120도 정도까지 가져오기

주세요. 그럼 정강이 앞쪽 근육이 당겨지면서 발목이 꺾인 자세가 될 겁니다. 선생님들이 "발목을 꺾어라", "발목을 돌려라"라는 얘기 많이 하죠? 지금 그 자세가 바로 평영 발차기 준비 자세입니다. 그 상태에서 많은 분이 실수하는 게 발목을 펴면서 찬다는 건데요. 그렇게 되면 발등으로 물을 밀어내면서 킥의 실수가 나옵니다. 우리가 스쿼트를 할 때 발바닥으로 지면을 밀어내면서 일어나죠? 똑같습니다. 평영도 발바닥으로 물을 밀어내주는 겁니다. 여기서 중요한 건 스쿼트를 할 때 허벅지의 힘으로 미는 것처럼, 평영킥을 찰 때도 허벅지에 힘을 주면서 밀어주는 겁니다. 평영킥을 차는데 허벅지가 힘들지 않다? 그럼 킥을 잘못 찬 겁니다. 스쿼트를 할 때 허벅지가 힘들듯이 평영킥을 찰 때도 허벅지가 힘들어야 합니다. 이렇게 평영킥은 스쿼트와 공통된 부분이 많습니다. 이제부터 평영 발차기를 할 때 스쿼트를 한다는 느낌으로 해주세요.

3. 윕킥과 웨지킥

평영킥에는 종류가 두 가지 있습니다. 윕킥과 웨지킥인데요. 웨지(wedge)는 '쐐기'란 뜻으로 '벌린다'라는 의미이고, 윕(whip)은 '채찍'이란 뜻으로 '채찍처럼 킥을 찬다'라는 의미입니다. 그림처럼 발이 무릎보다 안에 있는 자세가 웨지킥, 발이 무릎보다 바깥에 있는 자세가 윕킥입니다.

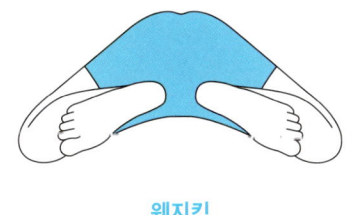

웨지킥

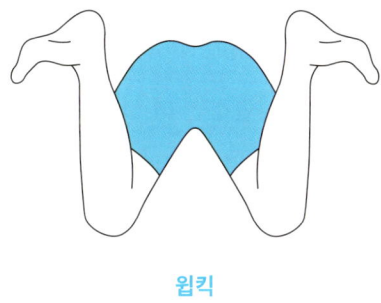

윕킥

킥의 추진력을 비교해 보면, 웨지킥은 다리를 벌릴 때는 추진력이 생기지 않고, 발바닥으로 모을 때 추진력이 크게 생깁니다. 반면 윕킥은 발바닥으로 밀어줄 때부터 추진력이 생기고, 마지막에 발목의 스냅으로 물을 뒤로 밀어내면서 추진력이 발생합니다. 여기서 팁을 드리면 웨지킥은 다리를 벌릴 때 강하게 벌릴 필요가 없습니다. 보통 웨지킥을 찰 때 강하게 벌리는 습관 때문에 무릎과 오금(무릎 뒤쪽)에 통증을 호소하는 분들이 많은데요. 다리를 벌릴 때는 가볍게 벌려주고, 모을 때 강하게 모아주는 겁니다.

반면 윕킥은 킥의 준비가 끝나면, 발바닥으로 밀어줄 때부터 강하게 밀어줘야 합니다. 여기서 물이 걸리지 않으면 마지막 발목 스냅이 무용지물이 되니까요. 강하게 밀어주면서 마지막에 발목을 쭉 펴주면서 물을 끝까지 보내는 겁니다. 여기서 중요한 건 두 가지 킥 모두 엄지발가락끼리 만나게 하면서 마무리해 줘야 한다는 겁니다. 두 가지 킥 중 본인이 주로 어떤 킥을 차는지 이해하고 연습하면 더 잘 나가는 평영킥을 찰 수 있을 겁니다.

강습에선 알려주지 않는 평영킥 꿀팁

1. 킥은 뒤로 차는 게 아니다

평영을 하면서 킥을 찰 때 옆 사람 발과 부딪히거나 레인을 차본 경험, 수영인이라면 다들 한 번씩은 있을 겁니다. 수영장 레인은 수면에 떠 있는데 우리는 왜 레인을 차는 걸까요? 바로 킥을 뒤로 차서 그렇습니다. 수면에 엎드려 있는 상태에서 킥을 뒤로 찰 때 보통 강하게 차려고 하는데요. 강하게 차려는 순간 허리에 힘이 들어가면서 발이 수면 위쪽으로 가거나 레인을 차게 되는 것이죠. 킥은 10도 밑으로 차주세요. 이렇게 10도 밑으로 차면 물을 정확하게 찰 수 있고, 몸도 더 잘 뜨게 됩니다. 허리에 힘도 들어가지 않아 더 안정적인 발차기를 할 수 있습니다.

2. 발목은 가져온 다음 꺾어라

킥을 차고 잘 나가다가 갑자기 멈추는 순간이 있을 겁니다. 그건 발목을 미리 꺾어서 찰 준비를 해서 그렇습니다. 우리는 항상 물을 뒤로 밀어내면서 앞으로 나가야 하는데 발목을 미리 꺾어서 가져오면 물을 앞으로 끌고 오게 됩니다. 물을 반대로 끌고 오니 브레이크가 걸리는 거죠. 다리를 편하게 편 상태에서 발을 엉덩이 쪽으로 가져오고, 그다음 발목을 꺾어주세요. 이렇게 해야 브레이크도 걸리지 않고, 발을 가져올 때도 발에 힘이 빠진 상태에서 편하게 가져올 수 있습니다. 발목을 꺾어놓고 가져오면 발에 힘을 잔뜩 준 상태로 가져오게 돼 정작 킥을 찰 때 힘을 제대로 쓸 수가 없습니다. 발목은 엉덩이에서 꺾어주세요!

3. 120도 각도 만들기

평영 발차기를 할 때 무릎을 가져오지 않고 발만 끌어오면 허리가 꺾이면서 몸 전체가 가라앉게 됩니다. 반대로 무릎을 너무 많이 가져와도 다리가 가라앉게 되죠. 이렇게 가라앉는 느낌이 나면 우리는 킥을 급하게 차게 됩니다. 그럼 당연히 제대로 찰 수 없겠죠. 자, 무릎을 앞으로 당겨와 120도 정도에서 멈춰보세요. 신기하게 가라앉지 않을 겁니다. 앞에서 120도 각도를 만들어야 한다고 얘기했었죠? 120도 각도가 중심이 가장 잘 잡힌 상태입니다. 이 상태를 찾으셔야 합니다. 수영장에서 꼭 한번 해보세요.

4. 다리를 가져올 땐 천천히

제가 수영장에서 제일 많이 하는 말이 "준비동작은 천천히 하세요!"입니다. 모든 영법이 다 마찬가지입니다. 준비동작에서 자세를 급하게 시작하면 정작 킥을 찰 때 정신없이 차게 돼 내가 지금 뭘 했는지도 모르게 순식간에 지나가 버립니다. 다리를 천천히 가져오려다 보면 다리가 가라앉을까 봐 다시 급하게 당겨와 킥을 차게 되죠. 니킥을 하는 것처럼 가져오는 분들도 너무나 많습니다. 또 킥판 잡고 발차기할 때는 잘 나가는데 영법만 하면 안 나간다는 분들도 정말 많은데요. 마찬가지입니다. 발을 급하게 당겨오고, 찰 때는 정신없이 차서 그렇습니다. 킥판을 잡고 찰 때는 킥에 집중해서 천천히 가져올 수 있는데 킥판 없이 하면 발차기가 급해져서 제대로 차질 못하는 거죠. 이렇게 되면 킥에 신경도 못 쓸 뿐만 아니라 브레이크가 걸려 버립니다. 방법은 다리를 가져올 때 항상 2박자로 가져오는 겁니다. 1박자로 확 가져오지 말고, 2박자로 길게 가져오는 겁니다. '하나, 둘 킥! 하나, 둘 킥!' 마음속으로 세면서 가져와 보세요. 그럼 동작이 조금 느려질 겁니다. 동작이 느려지면 다리가 편해지면서 킥을 찰 때 더 강한 힘을 쓸 수 있죠. 항상 천천히 준비하세요!

5. 잠깐 멈췄다가 차자

평영만 하면 내 다리가 내 다리가 아닌 것 같다고 하는 분들이 많습니다. 머리는 하지 말라고 하는데 다리는 벌써 킥을 차고 있는 거죠. 이건 대부분 킥을 연습할 때 한 동작으로 연습해서 그렇습니다. 다리를 가져온 다음 차는 동작을 한 동작으로 끝내버려서죠. 머릿속에서 아무리 기다리라고 해도 이미 차고 끝나 있는 겁니다. 자, 이제부터 연습할 때 다리를 가져와서 120도를 만들었으면 1, 2초 정도 잠깐 멈췄다가 킥을 차보세요. 다리를 컨트롤하기도 쉽고, 온전히 킥에 집중해서 차는 데

에도 도움이 됩니다. 이렇게 멈췄다가 찰 줄도 알아야 실제 영법에서도 킥을 찰 타이밍을 조절할 수도 있습니다. 킥을 차기 전에 잠깐 멈춰주세요!

도저히 평영킥이 안 나간다면

1. 제기차기 연습

평영 발차기는 준비 자세가 잘 안 잡혀서 안 나가는 경우도 있지만, 보통 발바닥으로 물을 밀어내는 감각을 잘 못 느껴서 안 나가는 경우가 많습니다. 평영하기 전에 제기차기하듯이 발바닥으로 물을 천천히 느껴 보세요. 제기차기 동작이 어려운 분들은 무릎과 발끝을 펴고 발바닥으로 물을 무겁게 젓는 느낌으로 오른쪽에서 왼쪽 방향으로 저어보는 겁니다. 제기차기 연습은 발바닥에 물감이 생기게 하는 좋은 연습법입니다. 제기차기 연습으로 이 감각을 느껴본 다음 평영을 시작하면 발바닥으로 물을 밀어내는 느낌을 느끼실 수 있습니다.

2. 발목 스트레칭하기

평영은 발목을 꺾고 펴는 동작이 많아 주로 발목의 가동 범위가 좋지 않은 분들이 평영킥을 어려워합니다. 손은 자주 쓰기 때문에 컨트롤하기 쉽지만, 발목은 일상생활에서 쓸 일이 거의 없어 둔한 경우가 많습니다. 이 둔한 발목을 스트레칭하는 방법을 알려드릴게요. 아주 간단합니다. 발끝을 무릎 쪽으로 꺾어주고, 바깥쪽에서 안쪽으로 발목을 열 번 돌려주세요. 그다음 반대로도 열 번 돌려주는 겁니다. 이렇게 3세트 정도면 충분합니다. 자기 전에 침대에서, TV를 볼 때나 일상생활에서 수시로 발목을 돌려주세요. 이렇게 돌려주는 것만으로도 발목 주위 근육들이 활성화가 돼서 발차기가 편해지니 시간 날 때마다 자주 풀어주세요.

3. 손으로 발동작을 따라 해보기

이 방법은 그동안 정말 많은 분이 도움을 받은 방법입니다. 바로 손으로 발동작을 그대로 따라 해보는 겁니다. 손을 가슴 앞으로 당겨와서 손가락이 바깥을 향하게 꺾는 겁니다. 그 후에 손바닥으로 물을 그대로 힘껏 뒤로 밀어보세요. 물이 잘 밀어질 겁니다. 그 상태에서 손목을 펴고 그대로 모으며 박수를 쳐보세요. 물이 무겁게 잘 걸릴 겁니다. 이렇게 밀고 모으는 동작을 손바닥으로 열 번 한 다음 평영킥을 시작해 보세요. 손으로 했던 느낌 그대로 발로 똑같이 해보는 겁니다. 손으로 했던 느낌이 발에 느껴질 때까지 계속 연습해 보세요. 평영킥이 조금씩 나가기 시작할 겁니다.

평영 팔동작은 앞으로 나가기 위해 하는 게 아니다

1. 캐치 동작에서는 팔을 펴라

평영은 다른 영법들과 다르게 캐치, 풀, 푸시가 아닙니다. 평영은 간단하게 '아웃스윕-인스윕-리커버리' 동작으로 설명합니다. 먼저 팔을 편 상태에서 손바닥을 바깥쪽으로 벌려 물을 잡는 아웃스윕, 잡은 물을 누르며 손을 다시 안으로 모아 몸이 올라가는 인스윕, 그다음 앞으로 팔을 뻗으며 몸의 무게중심을 앞으로 보내는 리커버리, 그후 글라이딩으로 마무리됩니다. 여기서 아웃스윕을 할 때 팔을 구부리면서 물을 잡는 사람들이 정말 많습니다. 여기서 팔이 구부러지면 물을 잡을 수가 없어 올라가지지 않습니다. 첫 번째 아웃스윕 동작에서는 팔꿈치를 완전히 편 상태에서 손을 내 몸에서 최대한 멀리 보낸다고 생각해야 합니다. 그렇게 해야 물이 잘 잡히면서 인스윕으로 들어가는 동작에서 물을 잘 누를 수 있고, 상체도 잘 올라올 수 있습니다. 팔동작을 시작할 때는 팔을 펴주세요!

2. 평영에는 당기는 동작이 없다

평영을 잘하는 분들을 보면 팔동작을 할 때도 앞으로 나가는 걸 볼 수 있습니다. 그걸 보고 많은 분이 팔동작을 할 때도 앞으로 나가려고 자꾸 물을 당겨오려고 하죠. 그러다 보면 팔은 몸 뒤로 넘어가고, 찌르는 동작(리커버리)까지 시간이 더 오래 걸려 타이밍이 꼬이기 시작합니다. 평영에는 당기는 동작 자체가 없습니다. 아웃스윕으로 잡은 물을 그대로 누르며 다시 안으로 모으는 것이죠. 여기서 중요한 건 '누르는' 겁니다. 눌러야 우리 몸이 위로 뜨고, 그래야 다시 앞으로 길게 밀어줄 수 있으니까요. 정리하면, 아웃스윕은 최대한 멀리, 인스윕은 누르면서 모으는 겁니다. 팔동작을 할 때 앞으로 나가려고 하지 마세요!

3. 평영은 물 안으로 가는 영법이다

보통 수영장에서 자유형, 배영을 먼저 배우고, 그다음 평영을 배울 겁니다. 이때 자유형, 배영은 계속해서 물에 떠서 가는 영법이기 때문에 평영을 배울 때도 '물에 떠서 가야지'라는 생각으로 하는 분들이 많을 겁니다. 물에 떠서 가야 한다는 생각에 팔동작을 한 뒤 물에 가라앉으면 당황해서 평영 발차기를 빨리하게 되고, 영법이 꼬이기 시작할 겁니다. 평영은 물에 떠서 가는 영법이 아닙니다! 팔동작을 한 후에 물에 가라앉고, 물 안에서 평영킥으로 추진력을 낸 다음 물 안에서 글라이딩이 이루어져야 합니다. 그렇게 물 안으로 가야 저항을 줄이고, 부력을 이용한 수영을 할 수 있는 겁니다. 팔동작을 한 후에 몸이 가라앉아도 당황하지 마세요. 가라앉으면 땡큐입니다!

평영 팔동작 따라 하기

아웃스윕은 최대한 멀리 보내기

↓

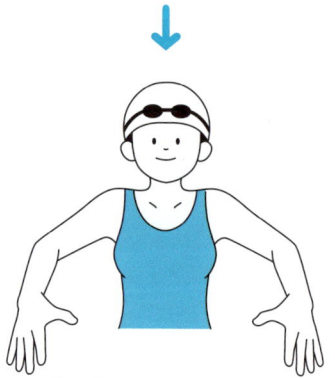

인스윕은 '누르면서' 모으기

↓

물 안에서 글라이딩

평영킥,
풀 타이밍
마스터하기

1. 팔동작을 할 때는 다리를 쭉 펴자

평영은 모든 영법 중 가장 느린 영법입니다. 첫 번째 이유는 다른 영법과 달리 팔로 물을 뒤로 밀어주는 동작이 없기 때문이죠. 두 번째는 저항이 많은 동작들로 이루어져서입니다. 이렇게 앞으로 나가지 않는 평영 팔동작을 할 때 다리가 구부러지면 뒷발이 저항을 발생시켜 몸이 나가는 걸 방해하고, 다리는 밑으로 가라앉게 됩니다. 다리가 많이 가라앉는 분들을 보면 팔동작을 할 때 다리를 구부리고 가라앉는 경우가 많습니다. 팔동작을 할 때는 다리가 완전히 펴진 상태여야 합니다. 그래야 다리가 뜬 상태를 유지할 수 있고, 상체는 잘 떠오를 수 있습니다. 이게 첫 번째 동작입니다.

2. 다리는 몸이 물에 부딪힐 때 가져오자

평영에는 저항이 가장 심한 2구간이 있습니다. 첫 번째 구간은 킥을 차기 위해 다리를 앞으로 끌고 올 때 저항이 크게 생기고, 두 번째 구간은 손을 앞으로 찌르면서 몸이 물에 부딪힐 때 저항이 생깁니다. 이렇게 크게 두 번의 저항이 생기는데 이 두 동작을 같이해서 저항을 한 번만 받게 해야 합니다. 팔동작을 할 때는 다리를 펴주고, 손을 앞으로 찌르면서 몸이 물에 부딪힐 때 다리를 앞으로 가져오는 겁니다. 쉽게 설명하면 얼굴이 물에 부딪히는 느낌이 들 때 킥을 찰 준비를 하면 됩니다. 얼굴이 물에 부딪히기 전까지는 다리를 가져오면 안 됩니다!

3. 유선형이 완전히 만들어지면 킥을 차자

평영을 가르칠 때마다 느끼는 거지만, 다리를 자기 마음대로 컨트롤하지 못하는 분들이 정말 많습니다. 우스갯소리로 내 다리가 내 다리가 아니라고도 하죠. 괜찮습니다. 킥을 차는 타이밍만 잘 맞추면 앞으로 쭉 나갈 수 있습니다. 한번 해볼까요? 우선 팔동작을 할 때는 다리를 펴주고, 앞으로 찌르며 몸

평영 팔동작 시 다리 자세

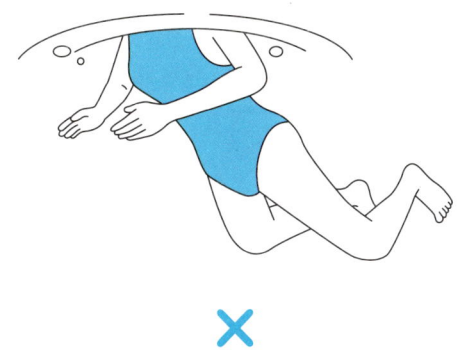

✗

팔동작을 할 때 다리를 구부리면
저항이 발생해 속도가 떨어짐

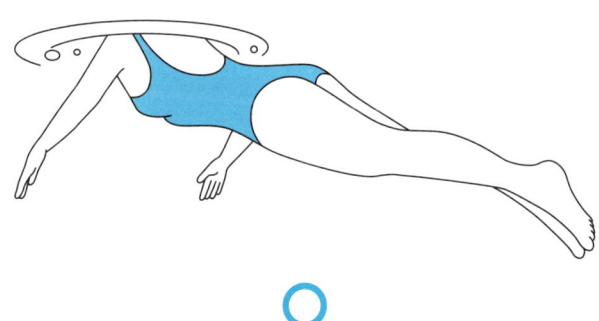

○

팔동작을 할 때 다리가 펴져 있어야
상체가 잘 떠오름

팔동작을 할 때는 다리를 편 상태를 유지하고
얼굴이 물에 부딪힐 때 다리를 가져오면 됩니다!

이 물에 부딪힐 때 다리를 앞으로 끌고 오세요. 그리고 정수리가 완전히 앞을 향할 때 또는 내 몸이 완전히 물 안에 잠겼을 때 킥을 차는 겁니다. 이렇게 해야 정확한 유선형이 만들어진 뒤 킥이 들어가 앞으로 잘 나갈 수 있습니다. 정수리가 아직 위를 향하고 있는데 킥을 차기 때문에 앞으로는 안 나가고 다리만 가라앉는 경우가 많은데요. 만약 팔동작을 할 때 다리가 가져와져도 당황하지 말고 기다리세요! 기다리다가 팔을 앞으로 찔러서 유선형이 만들어진 다음 차면 됩니다. 평영의 추진력은 킥이 70~80퍼센트를 차지하기 때문에 킥을 차는 타이밍이 제일 중요합니다. 항상 정수리가 앞을 향하면 차주세요!

4. 평영 팔동작의 정확한 타이밍

평영은 물 안에서 가는 영법이라고 얘기했죠? 팔동작을 할 때 상체는 떴다가 손을 앞으로 찌르면서 우리 몸은 자연스럽게 가라앉습니다. 그다음 물 안에서 유선형을 만든 뒤 킥을 차서 앞으로 나갈 때 부력이 작용해 우리 몸은 천천히 뜨게 될 겁니다. 그렇게 뜨다가 몸이 수면에 뜨기 직전! 이 포인트가 부력이 제일 강한 순간입니다. 이때 팔동작이 들어가면 부력이 내 몸을 물 위로 띄워줄 겁니다. 이 타이밍을 알면 팔이 정말 편해집니다. 힘이 하나도 안 들기 때문이죠! 영상 보면서 이미지 트레이닝 해보세요.

기도하지 마세요!

제가 평영을 가르칠 때 제일 많이 하는 말이 "평영할 때 기도하지 말라"라는 겁니다. 기도하지 말라는 데에는 세 가지 이유가 있습니다.

1. 아웃스윕 동작에서 물잡기를 하지 못한다

처음 평영을 배울 때는 손을 기도하듯이 모은 자세로 배우죠. 그런데 이 자세는 상급으로 가면서 교정이 돼야 합니다. 손을 모으면 양팔 사이에 머리가 들어가야 하니 팔이 자연스럽게 구부러지게 됩니다. 이렇게 준비동작을 하면 일단 팔에 힘이 빠지지 않습니다. 손을 계속해서 맞닿게 하려고 힘을 주게 되죠. 평영만 하면 팔이 아프다는 분들이 많은데 준비동작에서부터 힘이 들어가서 그렇습니다. 이렇게 팔이 구부러지고 힘이 잔뜩 들어간 상태에서 아웃스윕 동작을 하면 물도 안 잡히고, 동작이 작아질 수밖에 없습니다. 팔은 팔꿈치를 완전히 펴주고 손은 앞으로 뻗어준 상태에서 귀 옆에 위치시키는 게 가장 좋은 준비 자세입니다. 팔은 항상 펴주세요.

2. 유선형을 잡기 힘들어진다

평영은 저항을 많이 받는 영법이라서 유선형을 잡는 게 정말 중요합니다. 그런데 기도하는 자세로 찌르면 유선형이 깨질 수밖에 없습니다. 그러면서 또 실수하는 게 손을 위로 찌른다는 겁니다. 그럼 손이 물 밖으로 나오면서 기도하는 손이 보이죠. 이렇게 손이 위로 올라오면 허리는 꺾이고 다리는 가라앉아 앞으로 나갈 수가 없습니다. 손을 위로 찌르지 마세요! 팔을 양어깨 앞으로 뻗어주면서 편하게 놔주면 됩니다. 그러면 손은 자연스럽게 내려가면서 좋은 유선형 자세가 나옵니다.

3. 글라이딩을 더 잘할 수 있다

기도하는 손 모양으로는 글라이딩 자체를 할 수 없습니다. 자세한 글라이딩 방법은 다음 장에서 다루고, 여기서는 우선 기초만 알려드릴게요. 평영 글라이딩은 팔을 양어깨 앞으로 뻗은 상태에서 광배근을 최대한 늘려주며 앞으로 밀어주는 동작을 말합니다. 여기서 기도하듯이 손을 모으면 팔을 앞으로 쭉 밀어줄 수가 없습니다. 팔에 힘이 들어가 동작도 끊기게 됩니다. 또 기도하듯이 손을 모으면 어깨와 머리 사이에 틈이 생겨 저항도 많이 생깁니다. 그림과 같이 팔과 머리 사이에 틈이 없게 자세를 만들어주면서 몸을 쭉 늘려주세요! 훨씬 좋은 글라이딩 자세를 만들 수 있습니다.

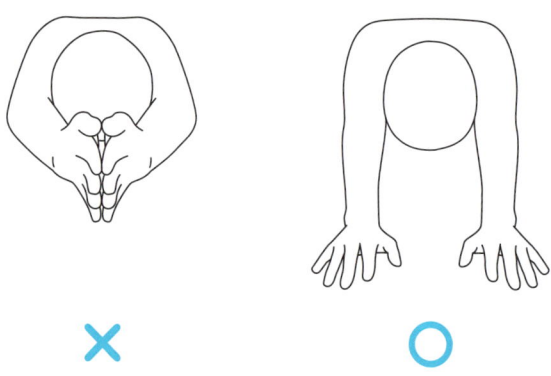

선수들은 왜 어깨를 으쓱할까?
평영 글라이딩

1. 어깨를 으쓱, 빈틈을 없애자

대부분 글라이딩을 하고는 있지만, 제대로 된 글라이딩 자세를 모르는 분이 많은 것 같습니다. 손도 앞으로 잘 찌르고, 팔도 잘 폈는데도 머리와 팔 사이에 빈틈이 있는 분들이 많은데요. 지금부터 제가 알려드릴게요. 우선 팔을 편하게 위로 뻗어보세요. 편하게 위로 뻗기만 한 상태에서는 머리와 팔 사이에 빈틈이 있을 겁니다. 그 상태에서 어깨를 위로 으쓱해 볼게요. 그러면 자연스럽게 팔이 귀 옆으로 붙을 겁니다. 이렇게 빈틈을 없애줘야 더 좋은 글라이딩 자세가 나오는 겁니다. 그림을 보면서 한번 따라 해보세요.

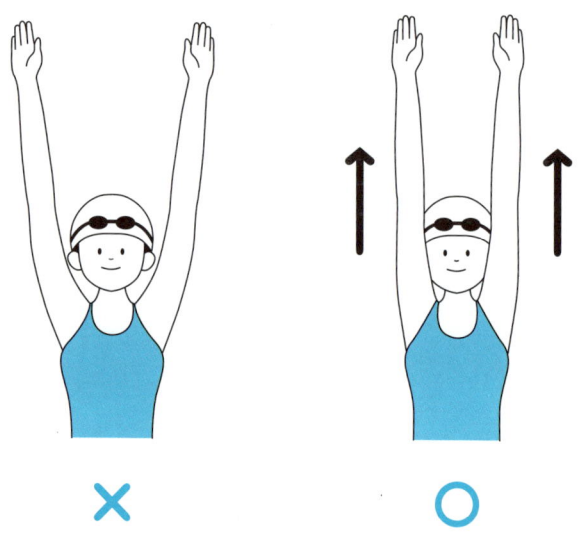

　선수들이 물 밖으로 나올 때 으쓱하는 모습을 한 번은 보셨을 겁니다. 이 동작은 손을 찌르면서 입수할 때 저항을 최소화하기 위해서 하는 동작인 동시에 글라이딩 자세를 미리 만들어놓고 팔을 앞으로 밀어주며 나가려는 동작이기도 합니다. 찌를 때 어깨를 으쓱하며 찔러보세요. 훨씬 좋은 글라이딩 자세가 나올 겁니다.

2. 머리를 먼저 들지 말자
　글라이딩을 더 길게 하려면 유선형 자세를 오래 유지하는 게 좋습니다. 손을 찌르고, 킥을 차고, 글라이딩을 하고 있을 때 대부분 많이 하는 실수가 머리를 먼저 들고 팔동작에 들어간다는 겁니다. 여기서 머리를 먼저 들면 유선형이 깨져 머리가 들린 방향으로 몸이 금방 떠버리게 됩니다. 그러면 고개는 언제 드는 게 좋을까요? 우리가 글라이딩을 할 때 팔이 귀 옆에 딱 붙어 있죠? 이 팔이 머리에서 떼질 때! 팔이 머리에서 떼지는 순간, 고개도 같이 들어주는 겁니다. 아웃스윕 동작이 들어감과 동시에 고개도 들어주며 물 밖으로 나가는 겁니다. 머리를 미리 들지 말고 조금만 더 기다렸다가 팔동작과 함께 들어주세요!

3. 항상 3초 기다리자

평영을 지도할 때 저는 항상 킥을 차고 3초 기다린 후 팔동작에 들어가라고 합니다. 이 말은 정말 매일 입이 닳도록 강조하는 내용입니다. 대부분 킥을 차고 팔동작에 바로 들어가거나, 킥을 차고 1, 2초 만에 바로 올라오는 분들이 많은데요. 이렇게 되면 앞으로 더 나갈 수 있는데 혹은 아직 수면 가까이 뜨지도 않았는데 팔동작이 들어가 글라이딩이 끊겨버립니다. 유선형을 만들고 킥을 찬 다음 마음속으로 숫자를 세며 기다리세요. '하나, 둘, 셋!' 여기서 '셋'에 팔동작을 하면 됩니다. 만약 셋을 셌는데도 물에 잘 뜨지 않는다면 넷까지 세도 됩니다. 중요한 건 글라이딩을 길게 가져가는 겁니다. 항상 킥을 차고 조금 더 기다려주세요!

평영에도 웨이브가 있다

1. 팔은 사선으로 찌르지 말자

평영에 웨이브가 있는지 없는지를 두고 얘기를 많이 합니다. 저는 "평영에도 웨이브가 있다"라고 얘기하는 쪽입니다. 접영처럼 큰 웨이브가 아니라, 내 몸이 물에 잠겼다가 뜨는 정도의 가벼운 웨이브라고 생각하시면 됩니다. 그런데 124쪽 그림처럼 손을 아래쪽 사선으로 찌르면서 억지로 웨이브를 만들려는 분들이 많은데요. 이렇게 되면 우리 몸은 방향이 앞이 아닌 밑으로 가게 됩니다. 또 사선으로 찌르면 발이 물 위로 뜨는 경우도 생깁니다. 팔은 사선으로 찌르는 게 아니라, 앞으로 찌르는 겁니다. 앞으로 찌르면서 몸이 완전히 숙여지고 무게중심

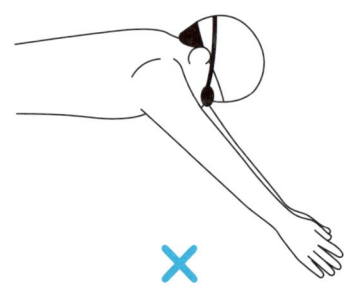

이 앞으로 쏠릴 때, 그때 앞으로 쭉 찌르면 팔은 자연스럽게 사선 방향으로 향하게 됩니다. 쉽게 설명드리자면, 모든 팔동작이 끝나고 머리가 완전히 숙여질 때 손이 자연스럽게 내려가는 겁니다. 무거운 머리가 숙여지면서 무게중심이 쏠리면서 팔이 자연스럽게 내려가는 거죠. 이렇게 무게중심이 앞으로 쏠린 상태에서 킥을 차야 자연스럽게 웨이브가 나오면서 앞으로 길게 나갈 수 있는 겁니다!

2. 평영 웨이브는 킥에서 나오는 것

이건 앞의 동작을 연습하고 나면 이해가 더 쉽습니다. 평영 웨이브는 손으로 억지로 만드는 게 아니라고 했죠? 마찬가지로 손을 앞으로 찔러주면서 무게중심이 앞으로 쏠린 상태에서 킥을 가볍게 사선으로 차주면 자연스럽게 오른쪽 그림과

평영 웨이브 팔동작

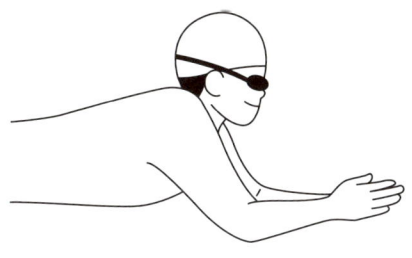

앞으로 찌르기 시작하면서

↓

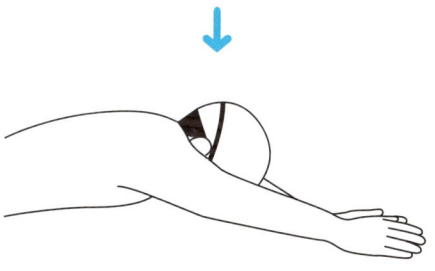

무게중심이 앞으로 쏠릴 때

↓

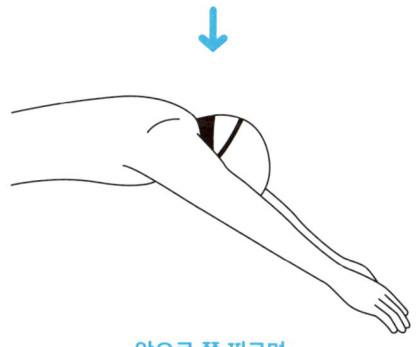

앞으로 쭉 찌르면
팔은 자연스럽게 사선 방향으로 향합니다!

같은 자세가 나올 겁니다. 이 자세가 만들어져야 자연스럽게 앞으로 웨이브를 탈 수 있습니다. 정리하면, 손은 앞으로 찔러주고, 킥은 사선으로 차주면서, 킥으로 웨이브를 만든다는 느낌으로 웨이브를 타는 겁니다. 이렇게 웨이브를 타면 풀 타이밍도 맞추기 쉬워지고, 앞으로 더 잘 나가는 평영을 할 수 있습니다.

평영킥으로 웨이브 만들기

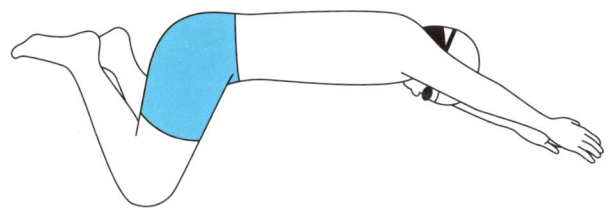

무게중심이 앞으로 쏠렸을 때

↓

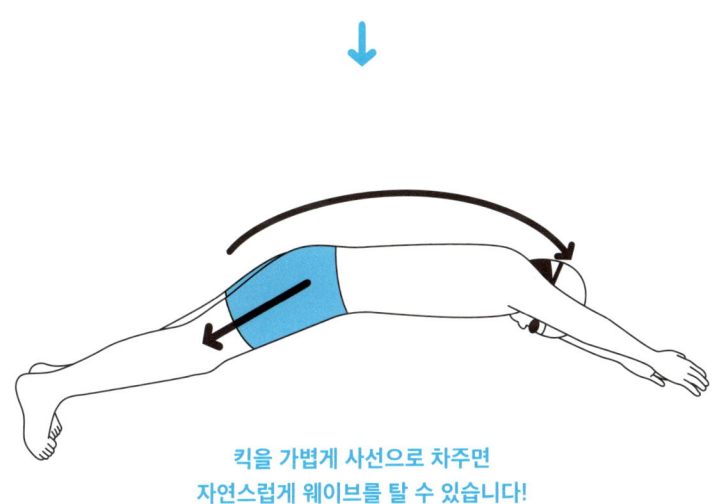

**킥을 가볍게 사선으로 차주면
자연스럽게 웨이브를 탈 수 있습니다!**

평영
물속
출발법

자유형, 배영, 접영은 물속 출발을 한 다음 돌핀킥의 횟수가 정해져 있지는 않습니다. 15미터라는 제한만 있죠. 그런데 평영은 다른 영법과 다르게 출발법이 정확한 횟수로 정해져 있습니다. 벽을 차고 출발한 뒤 유선형 자세를 만든 다음 돌핀킥 1회, 팔 당기기 1회, 킥 1회 이렇게 세 개의 동작을 한 후 팔동작을 하며 물 밖으로 나가면서 영법이 시작되는 겁니다. 이때 돌핀킥을 먼저 찬 다음 팔을 당겨도 되고, 돌핀킥과 팔 당기기를 동시에 해도 됩니다.

그런데 평영 물속 출발을 할 때 수강생분들이 자주 호소하는 어려움이 있습니다. 물속 출발을 하면서 팔동작을 하면

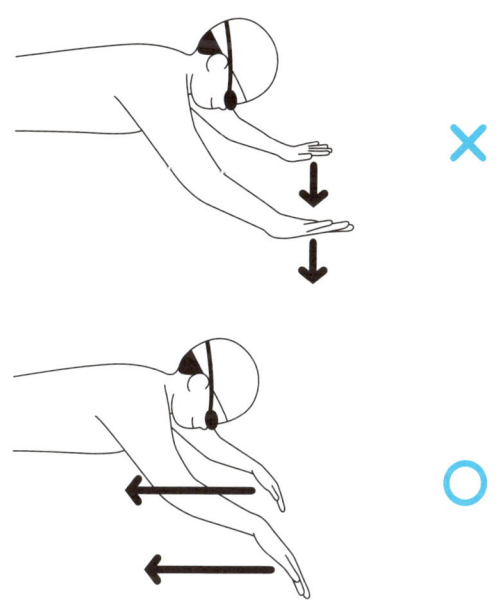

몸이 자꾸 위로 뜬다는 겁니다. 앞으로 쭉 나가야 하는 타이밍인데 오히려 멈춰버리게 되는 거죠. 팔동작을 할 때 뜨는 이유는 간단합니다. 물을 밑으로 눌러서 그렇습니다. 물을 잡고 뒤로 보내줘야 하는데 물을 잡는 순간 손바닥이 바닥을 향하기 때문에 뜨는 겁니다.

자, 쉽게 설명해 드릴게요. 팔을 벌려 물을 잡기 시작해 손바닥을 그대로 뒤로 향하게 끌고 옵니다. 그다음 잡은 물을 가슴 앞으로 끌고 와 그대로 뒤로 밀어주는 겁니다. 이 동작은

평영 물속 출발 팔동작 따라 하기

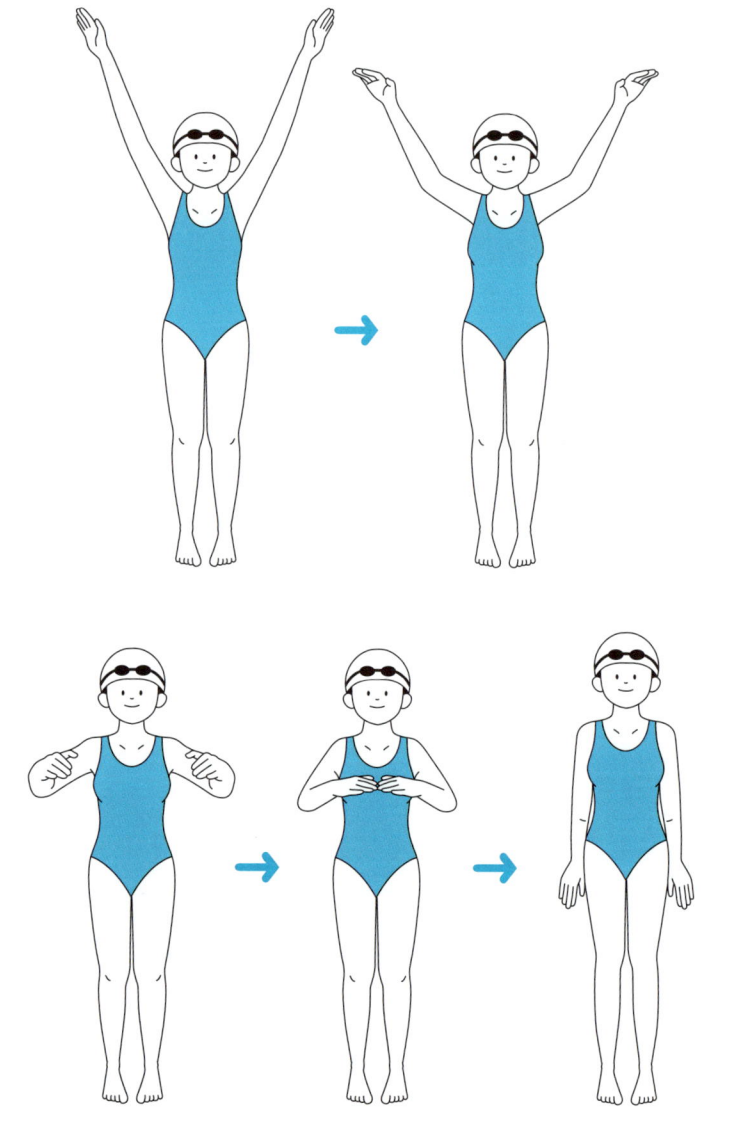

뒤에 배울 접영 'S자 물잡기'와 유사합니다. 왼쪽 그림을 보면서 팔동작을 순서대로 따라 해볼까요?

　이제 마지막 킥을 차고 기다려준 후 출수하면서 영법을 이어 나가면 됩니다. 여기서 유의할 점은 모든 동작에서 2초씩 기다려줘야 한다는 겁니다. 먼저 벽을 차고 유선형을 만든 뒤 2초 기다려주고, 팔을 당긴 후 또 2초, 마지막 킥을 찬 후에도 2초 기다려준 뒤 출수하는 겁니다. 이렇게 기다려줘야 물속 출발을 더 멀리 갈 수 있습니다. 평영 출발할 때마다 연습해 주세요!

평영과 접영의 호흡 타이밍

자유형, 배영도 호흡 타이밍이 있듯이 평영도 호흡 타이밍이 있습니다. 접영은 뒤에서 다루겠지만, 호흡 타이밍은 접영과 평영이 같아 여기서 같이 알려드릴게요.

우선 평영 호흡 타이밍에서 많이 실수하는 건 자유형, 배영을 배운 다음 평영을 배우기 때문에 자유형, 배영처럼 당기는 동작을 다 끝내고 나서 호흡을 하려고 한다는 겁니다. 이렇게 되면 호흡 때문에 찌르는 동작을 제대로 하지 못하고, 가슴 앞에서 또 기도 손을 하고 있게 되죠.

평영과 접영은 물 위로 상체가 올라가는 동작입니다. 당기는 동작을 시작하는 동시에 입이 물 밖으로 나가게 되죠. 그래서 평영과 접영의 호흡은 당기면서 하는 겁니다. 그렇게 해야 호흡을 빨리 끝내고, 다시 빠르게 찌를 수 있습니다. 입이 물 밖으로 나오는 순간 호흡해 주세요!

돌고래 같은 접영

CHAPTER 4

접영킥은
복근으로
차는 것

접영을 수영인들의 로망이라고 하죠. 제일 멋있고, 그래서 잘하고 싶은데… 현실은 웨이브도 잘 안되고, 영법은 끊기고, 팔은 무거워서 돌리기도 버겁죠. 그러나 제가 생각했을 때 접영이야말로 제일 쉽고, 제일 재밌는 영법입니다. 지금부터 접영킥부터 웨이브, 팔돌리기까지, 접영을 아주 쉽고 재미있게 할 수 있는 방법을 모두 알려드릴게요. 우선 킥부터 시작해 볼까요?

1. 무릎을 접는 게 아니다

접영킥은 물 안으로 들어가기 위한 입수킥과 물 밖으로

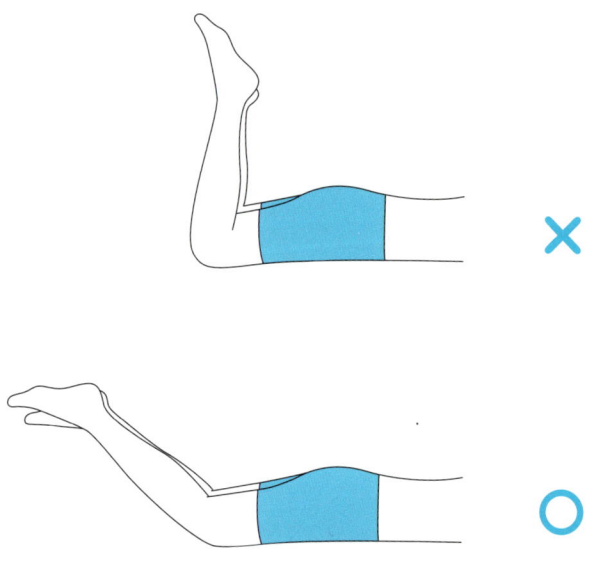

나오면서 차는 출수킥, 이렇게 두 가지가 있습니다. 준비동작은 두 가지 킥 모두 똑같습니다. 발을 가볍게 위로 띄워주는 겁니다. 준비동작에서 킥을 차려고 무릎을 과도하게 접는 분들이 많은데요. 무릎을 접으면 저항이 많이 생겨 킥의 효율이 떨어집니다. 또 무릎을 많이 접은 상태에서 킥을 차면 허리를 다칠 위험도 커집니다. 발을 가볍게 위로 띄워주면 무릎이 자연스럽게 접히면서 킥을 차기 좋은 각도가 나옵니다. 이 자세에서 킥이 시작되는 겁니다. 강하게 차겠다는 생각에 무릎을 더 접으면 안 됩니다!

2. 입수킥은 복근으로 차는 것

접영킥을 가르칠 때 "엉덩이가 안 올라와요", "가슴 누르기가 안 돼요"라는 하소연을 많이 듣는데요. 이건 킥을 찰 때 허벅지의 힘으로만 차려고 해서 그렇습니다. 허벅지 힘으로 차면 몸이 굳게 되고, 그럼 웨이브가 잘 나오지 않죠. 킥은 복근으로 찬다는 생각으로 차야 합니다. 윗몸일으키기를 생각해 보세요. 누운 상태에서 위로 올라가려고 힘을 쓸 때 다 올라오지 않아도 허리가 굽혀지는 순간 복근에 힘이 들어갈 겁니다. 이 느낌 그대로, 복근의 힘으로 킥을 차보세요. 엉덩이가 자연스럽게 수면 위로 뜨고 상체는 눌러지면서 가슴 누르기가 자연스럽게 나올 겁니다!

3. 가슴을 누르지 말고 쇄골을 넣어주자

제가 가슴 누르기를 가르칠 때 제일 많이 하는 말입니다. 가슴 누르기에 집중하지 말고, 쇄골을 물 안으로 보내는 느낌에 집중하라고 말이죠. 대부분 가슴을 누르려는 데만 집중해서 머리는 움직이지 않고 가슴만 억지로 누르는 분들이 많습니다.

또는 헤드뱅잉 하듯이 머리로 웨이브를 타려고 하죠. 킥을 차면서 쇄골을 물 안으로 깊게 넣어준다는 느낌으로 보내면 머리는 자연스럽게 따라갑니다. 여기서 머리는 숙이면서 넣는 게 아니라 얼굴 면을 그대로 바닥 쪽으로 눌러주면 됩니다. 숙이거나 턱을 들 필요 없이 그대로 눌러주세요. 그 상태에서 자연스럽게 제자리로 돌아오면 됩니다. 킥을 찰 때는 항상 쇄골을 물 안으로 넣어주세요!

접영 웨이브 정확히 이해하기

접영 웨이브는 왜 하는 걸까요? 아마 대부분 정확하게 대답을 못 할 겁니다. 그런데 웨이브는 정확한 목적을 가지고 해야 합니다. 일단 우리가 물 안으로 들어가는 첫 번째 이유는 저항을 덜 받으며 앞으로 가기 위해서입니다. 수면에서는 전면저항, 물결저항 등 많은 저항을 받는데 물 안에서는 유선형만 잘 만들어주면 저항이 적기 때문이죠. 두 번째 이유는 부력을 발생시키기 위해서입니다. 우리가 물 안으로 들어가면 폐의 공기로 인해 몸에 부력이 생깁니다. 우리는 이 부력을 이용하면서 접영을 해야 합니다. 이 두 가지 이유를 생각하면서 접영 웨이브를 하나씩 알아 가볼게요!

1. 입수킥

입수킥은 말 그대로 물 안으로 들어가기 위해 차는 발차기입니다. 여기서 킥을 먼저 찬 다음 손을 물 안으로 넣으면서 들어가려는 분들이 많은데요. 이렇게 킥을 먼저 차면 팔과 상체가 저항을 그대로 다 맞으면서 들어가게 됩니다. 당연히 앞으로 잘 나가지도 않고, 물 안으로 잘 들어가지지도 않습니다. 킥을 차기 위해 발을 위로 띄워줄 때, 그때 머리와 팔을 물 안으로 내려주면서 입수각을 먼저 만들어줘야 합니다. 그다음 복근의 힘을 이용해 킥을 차면 엉덩이가 올라가면서 물 안으로 자연스럽게 입수가 됩니다. 킥은 입수각을 만든 후에 차주세요!

2. 떠오르기

입수킥을 차고 물 안으로 들어간 다음에는 이제 내려갔던 손을 올려주면서 일자를 만들어줘야 합니다. 그래야 앞으로 나갈 수 있으니까요. 그런 다음 물 위로 떠올라야겠죠? 여기서 많은 분이 어려워하는 게 몸이 너무 천천히 뜬다는 겁니다. 몸이 빠르게 뜨기 위해서는 턱을 들어주면서 가슴을 펴야 합니다. 그러면 팔이 자연스럽게 위로 향하게 되고, 몸이 빠르게 뜹니다. 그럼 턱은 얼마만큼 들어줘야 할까요? 들 수 있는 만큼 최대한 많이 들어줘야 합니다. 적당히 들면 가슴이 펴지지 않아 또 천천히 뜨게 됩니다. 물 안에 들어갔으면 턱부터 최대한 많이 들어주세요!

3. 출수킥

출수킥은 입수킥과 반대로 물 밖으로 나가기 위해 차는 발차기입니다. 접영 팔동작을 하면서 차는 킥이죠. 뒤에서 더 자세히 다루겠지만 입수킥은 곡선 형태의 발차기고, 출수킥은 직선 형태의 발차기입니다. 출수킥은 허리는 고정한 상태에서 오로지 허벅지 힘으로만 차줘야 합니다. 그렇게 해야 직선 형태를 만들면서 물 밖으로 곧게 나갈 수 있습니다. 많은 분이 출수킥을 자꾸 강하게 차서 나가려고 하는데, 너무 강하게 차면 밸런스가 깨져서 물 밖으로 나가는 게 힘들어집니다. 출수킥은 몸을 펴주는 느낌으로 가볍게 차주는 것이 좋습니다. 또 출수는 팔을 당기는 동작으로 나간다는 것도 기억해 주세요.

입수킥과 출수킥, 타이밍 맞추기

1. 접영이 자꾸 끊기는 이유_입수킥 타이밍

　수강생분들 얘기를 들어보면 접영이 자꾸 끊기고, 앞으로 안 나간다는 분들이 정말 많은데요. 이유는 입수킥을 너무 빨리 차기 때문입니다. 많은 분이 입수킥을 팔이 물에 닿는 순간 급하게 차는데요. 그렇게 빨리 차면 손이 물에 부딪히는 순간의 저항을 받게 됩니다. 또 입수각이 만들어지지 않은 상태에서 킥을 차면서 생기는 저항도 받게 되죠. 이제부터 머리가 완전히 물 안에 들어간 다음 킥을 차주세요. 팔과 머리가 완전히 물 안에 잠긴 느낌이 들면 킥을 차주는 겁니다. 이렇게 되면 입수각이 나오면서 다음 동작으로 자연스럽게 연결이 됩니다. 앞으로 더 잘 나가는 건 당연하겠죠?

2. 출수킥은 끝에서 차는 것_출수킥 타이밍

출수킥의 정확한 타이밍은 캐치, 풀, 푸시 구간 중 마지막 푸시 구간입니다. 푸시에서 물을 밀어내면서 앞으로 나갈 때, 그때 차주는 겁니다. 대부분 출수킥을 먼저 차고 나서 당기거나, 아니면 당기는 동작 어딘가에서 출수킥을 찹니다. 그렇게 되면 출수킥은 앞으로 나가는 데 전혀 도움이 되지 않습니다. 입수킥을 하고 웨이브를 타면서 출수킥을 찰 준비가 되었다면 차지 말고 기다리세요! 캐치와 풀 동작을 하고 마지막에 밀어줄 때 차는 겁니다. 이론은 이렇지만 막상 이 타이밍을 맞추기가 정말 어렵습니다. 그럴 때는 한 팔 접영을 하면서 타이밍 맞추기 연습을 많이 해주세요.

접영 웨이브 한눈에 보기

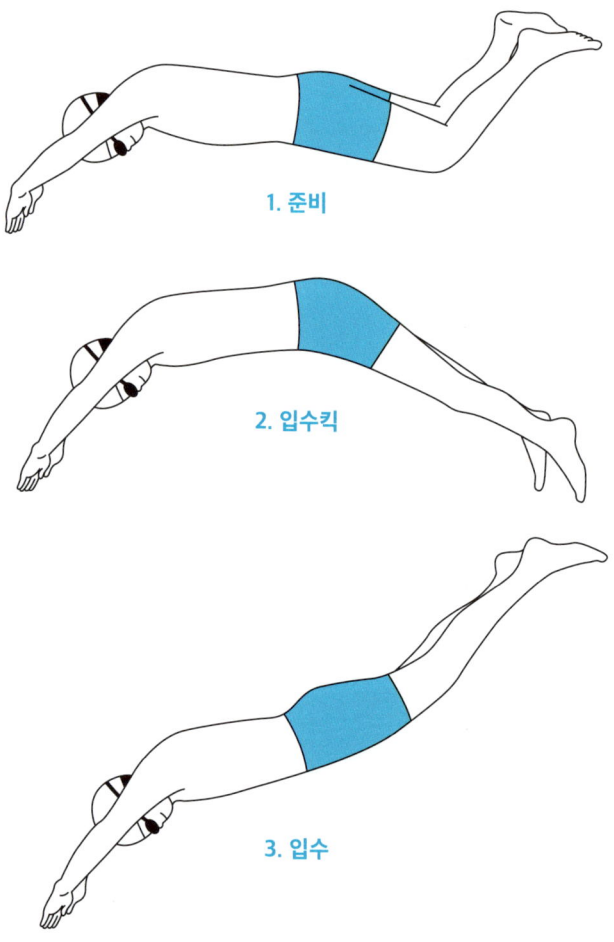

1. 준비

2. 입수킥

3. 입수

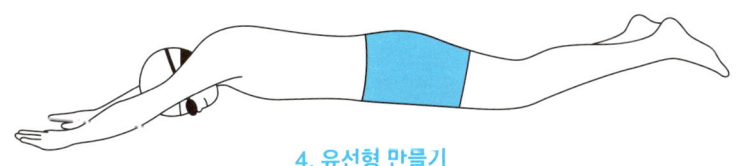
4. 유선형 만들기

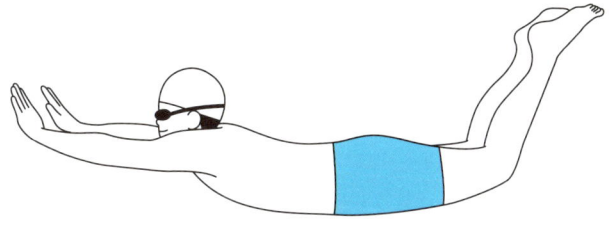
5. 떠오르기, 출수킥 준비

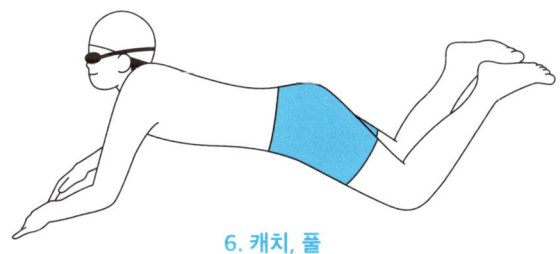
6. 캐치, 풀

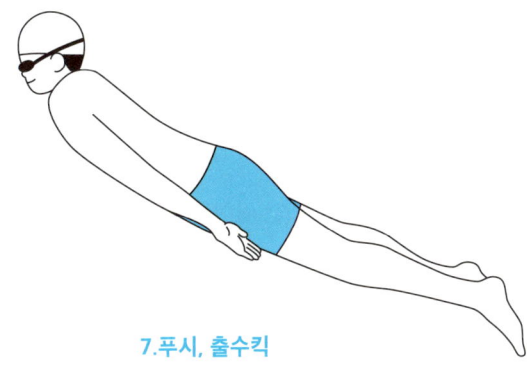
7. 푸시, 출수킥

팔이 자꾸
물에 걸린다면
접영 팔돌리기

1. 일단 물 위로 올라가자

　접영 웨이브를 타면서 대부분 물 위로 올라가려고 온 힘을 다해서 두 팔을 당길 겁니다. 하지만 물 밖으로 나가기는커녕 얼굴만 겨우 나오죠. 분명 온 힘을 다해서 당겼는데 말이죠. 이건 잘못된 포인트에서 힘을 잔뜩 써서 그렇습니다. 당기는 동작을 캐치, 풀, 푸시라고 했죠? 우리는 캐치 동작부터 힘을 잔뜩 쓰는 바람에 무거워진 물을 뒤로 보내지 못해 올라가지 못하는 겁니다. 캐치 동작에서는 힘을 많이 쓰지 말고, 내가 뒤로 밀어낼 수 있을 정도의 물만 가볍게 느끼면 됩니다. 손바닥에 물이 느껴질 정도만 잡아주세요! 그렇게 가볍게 잡은 물을 당기며 뒤로 밀어줄 때, 그때 힘을 크게 쓰는 겁니다. 그렇게 해야 몸이 수면 위로 뜨면서 팔돌리기 할 준비가 되는 겁니다. 힘은 앞에서는 가볍게, 중간부터 크게 써주세요!

2. 어깨를 넘겨주자

제가 접영하는 분들을 보면서 제일 아찔한 순간이 억지로 팔을 돌리며 접영하는 분들을 볼 때입니다. 접영하다가 어깨를 다치는 이유는 대부분 어깨를 전혀 사용하지 않고 팔을 억지로 몸 뒤쪽까지 당기며 돌려서 그렇습니다. 팔이 자연스럽게 나오려면 손을 빼내려고 하지 말고 어깨를 넘겨줘야 합니다. 당기고 밀어주는 동작에서 어깨를 뒤로 넘겨주세요. 어깨를 뒤로 넘기라는 말은, 양 날개뼈끼리 닿게 한다는 느낌으로 몸 뒤로 어깨를 넘겨주라는 겁니다. 이렇게 어깨가 뒤로 넘어가면 어깨의 가동 범위가 넓어져서 팔돌리기가 더 편해지고, 어깨 부상 위험도 많이 줄게 됩니다. 이제부터 팔만 신경 쓰지 말고 어깨를 넘겨주세요!

3. 팔은 다 당긴 다음 빼는 게 아니다

접영할 때 팔이 물에 걸리는 가장 큰 이유는 팔을 빼내는 타이밍을 잘못 잡아서 그렇습니다. 보통 팔 당기는 동작이 다 끝난 다음에 팔을 빼내려고 합니다. 이렇게 되면 당기는 동작을 할 때는 몸이 떴다가, 몸이 떨어질 때 팔을 돌리게 됩니다. 그러면 당연히 팔이 수면에 걸리겠죠? 팔을 빼는 정확한 타이밍은 물을 뒤로 밀어주는 동시에 빼는 겁니다. 손바닥으로 물을 뒤로 밀면 새끼손가락이 바깥을 향해 있을 겁니다. 이렇게 물을 뒤로 밀어주면서 손날부터 물 위로 나오는 겁니다. 그렇게 해야 팔이 한 번에 빠집니다. 손을 돌리면서 빼거나 엄지손가락부터 나오면 시간이 오래 걸려서 팔이 또 물에 걸립니다. 팔의 운동 방향이 뒤로 가고 있을 때(뒤로 밀어주면서) 손날로 빼주는 겁니다!

4. 팔은 돌리는 게 아니라 앞으로 보내는 것

팔을 크게 돌리면서, 팔이 위에서 밑으로 떨어지는 형태로 접영 팔돌리기를 하면 팔이 수면에 떨어지는 순간 물이 사방으로 튀며 폭탄이 터지는 형태의 접영이 됩니다. 팔은 돌리는 게 아닙니다. 돌린다는 생각에서 벗어나셔야 합니다! 팔을 당기면서 손날부터 나온 다음, 이제는 앞으로 돌릴 필요가 없습니다. 그대로 팔을 앞으로 보내는 겁니다. 그렇게 해야 최단

코스로 팔을 앞으로 보낼 수 있습니다.

    그런데 양팔 접영으로는 팔을 교정하기 어렵습니다. 한 팔 접영으로 팔을 위로 크게 돌리지 말고, 팔을 뒤에서 앞으로 보내는 연습을 해주세요! 한 팔로 당기면서 롤링을 해주면 팔은 알아서 물 밖으로 나올 겁니다. 그때 팔을 뒤에서 앞으로 던져주세요.

출수 타이밍
&
머리 넣는 타이밍

1. 고개를 들고, 보고, 당겨라

　많은 분이 출수 타이밍을 잘 못 잡는 이유는 감으로 당기기 때문입니다. 물에 들어간 다음, 몸이 조금 뜬다는 느낌이 든다 싶으면 급하게 물을 당겨 버리죠. 우리 몸은 아직 뜨지도 않았는데 너무 깊은 곳에서 물을 당기는 겁니다. 킥을 차고 물 안에 들어갔으면, 고개를 들고 내 손끝이 어디 있는지 보세요! 손끝이 수면 근처까지 뜨는 것을 정확히 보고 당기는 겁니다. 고개를 들고, 보고, 당긴 다음 고개를 든 상태 그대로 올라가면 됩니다. 그렇게 당겨서 나와야 호흡도 정확하게 할 수 있고, 앞으로 더 잘 미끄러져 나갈 수 있습니다. 물 안에 들어갔으면 고개를 들어서 정확히 보고 당기세요!

2. 머리는 팔이 앞으로 넘어갈 때 넣자

접영 배울 때 "머리 넣으세요!", "머리 더 빨리 넣어야 돼요!"라는 말 정말 많이 들으셨죠? 저도 많이 얘기하는데요. 그런데 수강생분들을 보면 머리를 빨리 넣어야 된다는 생각에 팔이 아직 내 머리 선상에 오지도 않았는데 머리부터 급하게 넣는 경우가 많습니다. 이렇게 머리를 너무 빨리 넣으면 앞으로 나가다가도 머리가 숙여지니 금방 멈추게 됩니다. 머리는 팔이 머리 선상에서 앞으로 넘어갈 때 숙이는 겁니다. 그렇게 해야 팔이 앞으로 넘어가면서 무게중심이 앞으로 쏠리고, 머리도 같이 숙여지면서 앞으로 더 잘 나갈 수 있게 됩니다. 머리는 너무 빨리 넣지 마세요!

접영 머리 넣는 타이밍

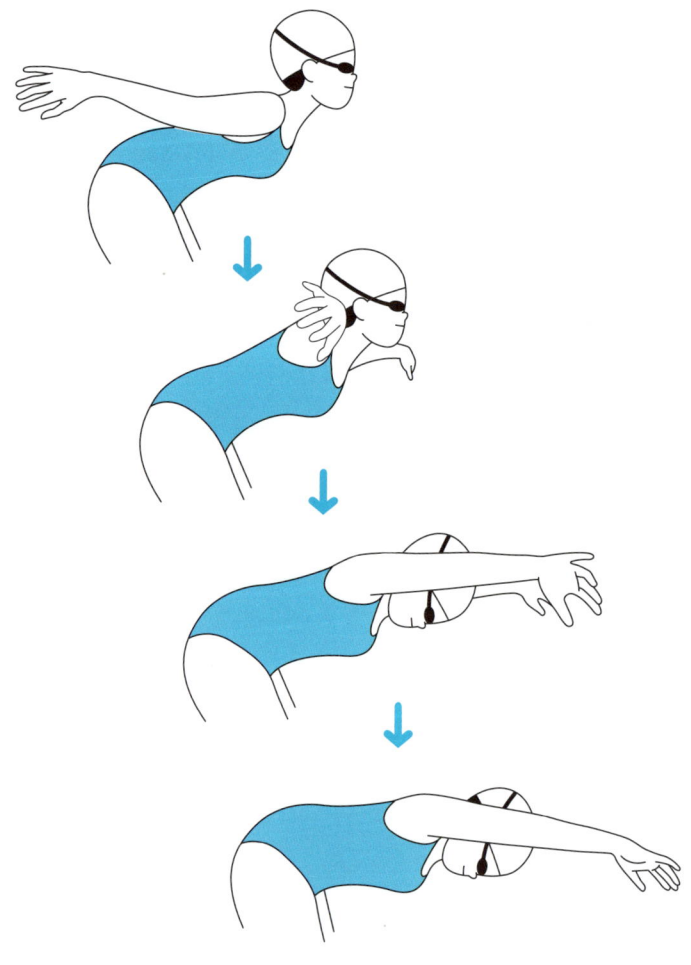

머리 넣는 타이밍이 너무 빠르면
앞으로 나가던 흐름이 끊깁니다.
머리는 팔이 머리 앞으로 넘어갈 때 숙여주세요!

수영의 끌팔왕, 접영 물잡기

접영의 물잡기에는 S자 물잡기, 1자 물잡기가 있습니다. 정답은 없습니다. 나에게 잘 맞는 물잡기가 가장 좋은 것입니다. 영법의 숙련도, 근력에 따라 자신에게 맞는 물잡기를 찾는 게 중요합니다. 뻔한 물잡기 자세나 모양을 알려드리지는 않겠습니다. 물잡기에서 중요한 꿀팁들만 모아 알려드릴게요!

1. 다이아몬드를 만들자

S자 물잡기는 가슴 누르기를 하면서 빠른 템포로 하는 물잡기입니다. 그런데 웨이브를 크게 타면서 하는, 일명 아리랑 접영을 할 때 S자 물잡기를 하는 분들이 물을 잡아 올 때 몸 옆

으로 잡아 오는 실수를 많이 합니다. 이렇게 되면 몸이 잘 뜨지도 않고, 앞으로 잘 나가지도 않습니다. 물은 가슴 앞으로 잡아와야 합니다. 이렇게 잡아 오면 다이아몬드 모양이 만들어지는데요. 저는 이 모양을 '파워 다이아몬드'라고 부릅니다. 힘을 제일 잘 쓸 수 있는 자세인 동시에 몸도 잘 뜨고 앞으로도 잘 나가는 자세죠. 팔을 벌려서 물을 잡고, 잡은 물을 가슴 앞으로 끌어오세요! 그다음 있는 힘껏 뒤로 밀어주는 겁니다. 몸이 훨씬 잘 뜨고, 쭉 나가는 것을 느낄 수 있을 겁니다.

2. 눈보다 밑으로 물을 잡아 오자

물을 잡아 오는 단계에서 너무 짧게 잡고 미는 분들이 많은데요. 저는 이걸 '깔짝 물잡기'라고 표현합니다. 솔직히 얘기하면 이 동작은 물을 잡는 척만 하고, 물잡기를 흉내만 내는 동작입니다. 물을 너무 앞에서 잡으면 뒤로 밀어야 하는 구간이 많아져서 물이 너무 무겁게 느껴질 겁니다. 그러면 앞으로 나가는 게 힘들어지죠. 물잡기는 눈보다 밑인 가슴 앞으로 잡아와야 합니다. 그래야 물을 편하게 뒤로 밀어낼 수 있습니다. 물잡기는 눈보다 밑으로 잡아 오세요!

파워 다이아몬드 자세

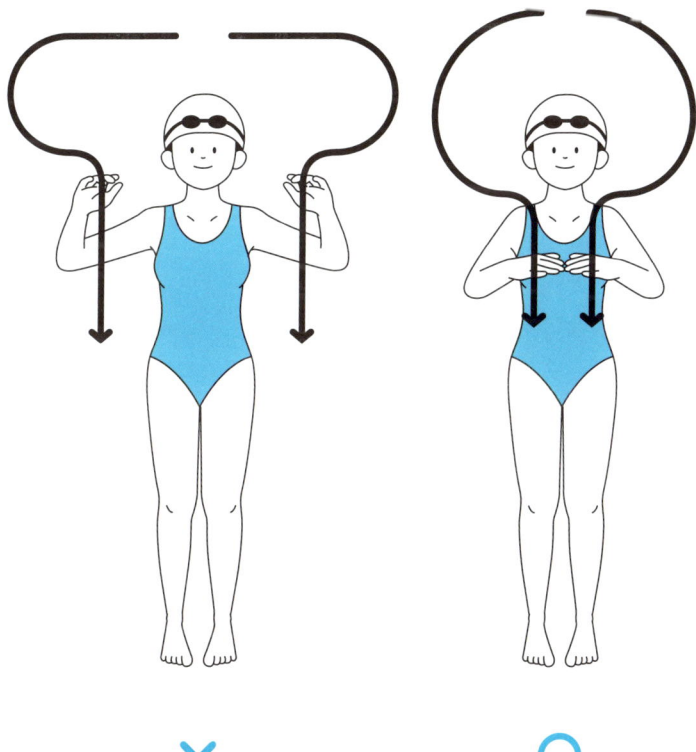

✕
물을 몸 옆으로 잡아 오면
몸이 뜨지 않아 추진력이 생기지 않음

○
물을 잡은 다음
잡은 물을 가슴 앞으로 끌어오기

이 파워 다이아몬드 자세가
앞으로 가장 잘 나갈 수 있는 자세입니다!

3. 한 뼘 밑에서 물잡기를 시작하자

구독자분들에게 "물잡기는 어디서 시작해야 할까요?"라고 물어본 적이 있습니다. 많은 분이 대답하지 못하거나 "수면 근처"라고 답하는 걸 보고 그때 알았습니다. '물을 잡을 시간이 없어서 물잡기를 그렇게 빨리했던 거구나'라고요. 수면 근처에서 물을 잡으면 물을 잡기 시작하자마자 몸이 물 밖으로 나가기 시작합니다. 몸이 밖으로 나가는 느낌이 들면 우리는 또 바로 물을 밀려고 하죠. 그렇게 물잡기는 잘 해보지도 못하고, 물을 미는 데만 급급해지는 겁니다. 물잡기는 수면에서 한 뼘 밑에서 시작해야 합니다. 물잡기를 하는 동안에는 물 안에 있어야 합니다. 정확히는 물을 잡아 왔을 때 머리끝이 수면에 걸쳐져 있어야 합니다! 물을 뒤로 밀어줄 때 물 밖으로 나가면서 앞으로 미끄러져 나가는 거죠. 이렇게 해야 우리는 밀어준 만큼 앞으로 나갈수 있습니다. 물잡기는 여유 있게 시작해 주세요!

4. 물잡기는 가볍게

수영장에서 접영하는 분들을 보고 있으면 힘겨워 보이는 분들이 정말 많습니다. 물이 너무 무겁다고 하는 분들도 많죠.

물을 무겁게 잡지 않으면 밖으로 못 나갈 것 같아 앞에서 있는 물을 힘껏 잡아 버리기 때문입니다. 우린 여기서부터 이미 팔에 힘이 다 빠지기 시작합니다. 그렇게 무겁게 잡고 온 물을 뒤로 밀어주지 못한 채 중간에 물을 놔두고 팔만 빼버리죠. 생각을 바꿔야 합니다. 물은 많이 잡든, 적게 잡든, 뒤로 잘 밀어 주기만 하면 몸은 물 밖으로 잘 나갑니다. 출수가 잘 안되는 건 물을 뒤로 밀어주지 못해서입니다. 물잡기는 가볍게 하고, 물을 뒤로 밀어줄 때 힘을 쓰는 겁니다. 앞에서는 힘을 크게 쓸 필요가 없습니다. 물잡기는 가볍게 해주세요!

웨이브는 손으로 타는 게 아니다
가슴 누르기

가슴 누르기를 하면 앞으로 더 많이 나가는 접영을 할 수 있는데요. 어려운 기술이지만 최대한 쉽게 따라 할 수 있도록 알려드릴게요!

1. 쇄골을 앞으로 보내자

앞에서도 설명했지만, 가슴에 집중하지 말고 쇄골을 45도로 보내준다는 느낌으로 가슴 누르기를 해보세요. 그럼 쇄골이 앞으로 보내지면서 가슴이 자연스럽게 눌러지며 웨이브가 나올 겁니다. 여기서 얼굴은 위아래로 움직이면 안 됩니다. 시선은 바닥을 보면서 얼굴 면을 그대로 바닥 쪽으로 같이 눌러주

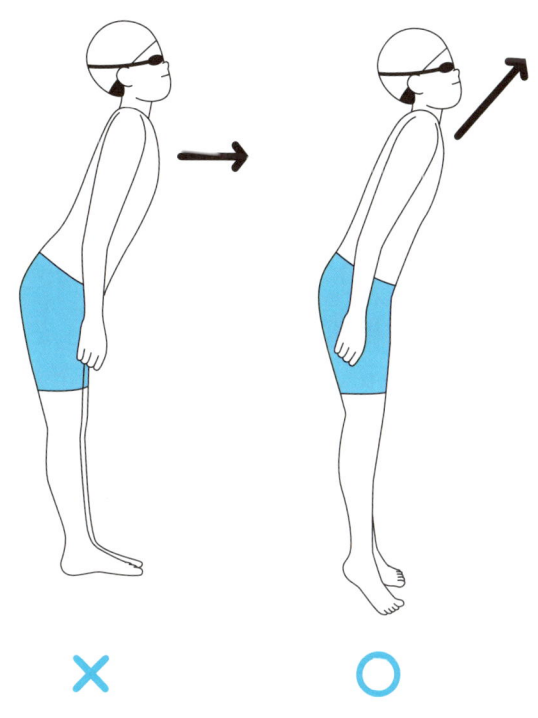

면 됩니다. 킥판을 잡고 가슴 누르기를 연습하면 팔의 유연성이 없는 분들은 가슴 누르기가 잘 안될 겁니다. 그런 분들은 킥판을 빼고 차렷한 상태로 가슴 누르기를 연습해 주세요. 좀 더 편하게 연습할 수 있을 겁니다.

2. 손은 앞으로 밀어주자

차렷한 상태에서 쇄골을 보내주는 연습을 했죠? 여기서 한 팔을 머리 위로 올려주세요. 그 상태에서 한 팔 접영을 연습하는 겁니다. 쇄골을 보낼 때는 팔이 밑으로 떨어지면 안 됩니다. 쇄골을 보내면서 팔은 어깨 라인에 맞게 앞으로 밀어주면서 웨이브가 이루어져야 합니다. 팔이 밑으로 떨어지는 순간 우리는 또 웨이브가 커지면서 저항을 많이 맞게 됩니다. 손을 앞으로 밀어줘야 자연스러운 웨이브로 앞으로 나가는 좋은 접영을 할 수 있습니다. 유연성이 안 좋은 분들은 팔이 어깨 라인에서 조금 떨어지는 건 괜찮습니다. 어깨에 무리가 가지 않는 선에서 앞으로 밀어주세요!

3. 머리를 잘 넣어주자

머리를 빨리 넣는 건 다음 웨이브를 더 잘하기 위해서입니다. 머리를 든 상태에서는 가슴 누르기를 할 수가 없습니다. 팔이 앞으로 넘어갈 때 머리도 같이 잘 넣어주고, 쇄골을 45도로 보내주며 팔을 앞으로 밀어주면 앞으로 쭉 미끄러져 나가는 접영을 할 수 있습니다. 머리를 잘 넣고 바닥을 봐주세요. 그러면 다음 동작으로 부드럽게 넘어갈 수 있습니다.

어깨 라인에 팔 맞추기

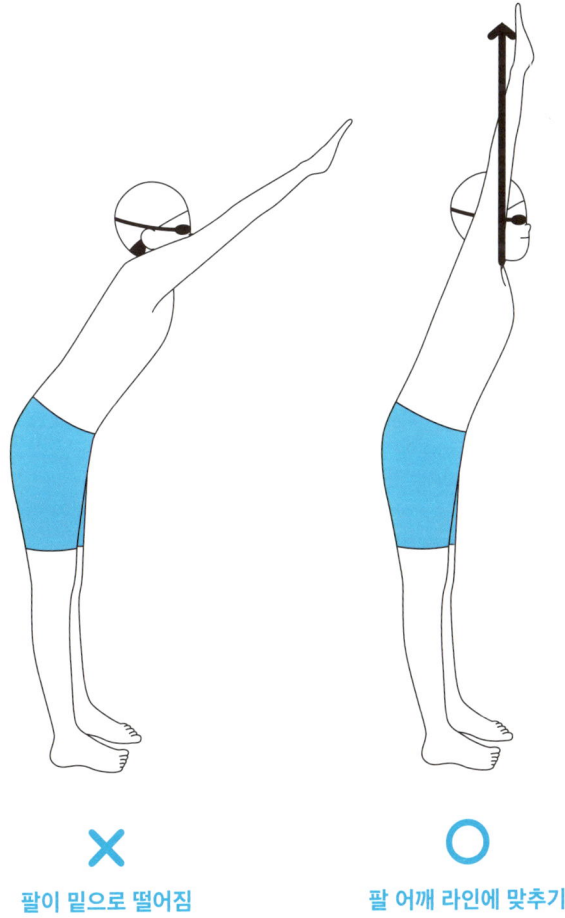

✗
팔이 밑으로 떨어짐

○
팔 어깨 라인에 맞추기

쇄골을 앞으로 보내면서
팔을 어깨 라인에 맞추고 앞으로 밀어주세요!

4. 출수 동작에서 가슴은 바닥을 향하게

만세 접영 많이 들어보셨죠? 출수할 때 가슴이 전방을 향한 채 올라오면서 팔을 돌리는 모습이 마치 만세하는 모습처럼 보여서 만세 접영이라고 얘기하는데요. 만세 접영 모양이 되면 우리는 위아래로 왔다 갔다 하는 접영을 하게 됩니다. 만세 접영을 고치는 방법은 물 안으로 들어간 후에 턱만 들어주는 겁니다! 여기서 턱만 들어야지, 상체를 들면 또 가슴이 전방을 향하게 됩니다. 턱만 들어주면 가슴은 바닥을 향하고 있겠죠? 이렇게 유선형 자세를 지키면서 그대로 출수하는 겁니다. 그럼 가슴은 바닥을 향하게 되고, 앞으로 잘 미끄러져 나갈 수 있습니다. 이렇게 입수와 출수를 할 때 가슴은 항상 바닥을 향하게 하면 만세 접영에서 벗어날 수 있습니다!

출수 동작 시 가슴 방향

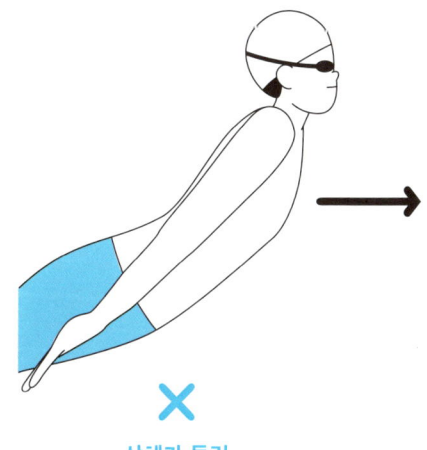

✕
상체가 들림

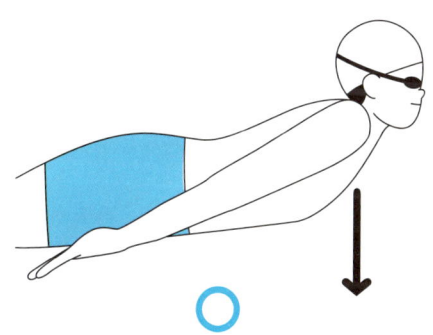

○
가슴은 바닥을 향하게!

출수할 때는 턱만 들고,
가슴은 바닥을 향한 상태로 유선형 자세를 지켜주세요!

수업에선 알려주지 않는 기술들

CHAPTER 5

멋지게
출발해 보자
물속 출발법

1. 허리는 완전히 곧게 펴기

물속 출발을 하는 분들이 처음에 많이 하는 실수가 물 아래로 가라앉지 않고 물 위에서 출발한다거나, 물 아래로 가라앉아도 금방 떠버린다는 겁니다. 이유는 처음에 물속 출발을 준비할 때 등이 굽은 모양에서 시작해서 그렇습니다. 이렇게 등이 굽으면 엎드려도 금방 뜨게 되고, 벽을 밀어도 물 안으로 갈 수 없게 되죠. 허리를 완전히 곧게 펴주고, 무릎만 가볍게 구부려주세요. 이 자세만 잘 잡아도 반은 성공입니다.

2. 발은 뒤로, 시선은 앞으로!

일단 첫 시작은 벽에 붙어서 하는 게 아닙니다. 벽에서 가볍게 한 발 앞으로 가서 시작하는 겁니다. 그래야 발을 뒤로 뺄 공간도 생기고, 벽을 밀기 좋은 자세를 만들 수 있습니다. 한쪽 발은 미리 벽에 붙여도 되고, 두 발을 동시에 점프하면서 발을 뒤로 빼도 좋습니다. 점프를 높이 할수록 몸은 더 빠르게 잘 가라앉으니 처음에는 조금 높이 뛰어도 좋습니다.

다음으로 시선인데요. 많은 분이 발을 뒤로 빼는 순간 머리를 숙이는 실수를 많이 합니다. 머리를 숙이면 우리 몸은 떠올라 물속으로 들어가질 못하죠. 완전히 가라앉을 때까지 앞을 계속 봐주세요. 그 후에 머리가 완전히 가라앉으면 머리를 숙여주며 유선형 자세를 만드는 겁니다. 영상 보면서 머릿속으로 한번 그려보세요!

3. 몸이 완전히 가라앉은 다음 벽을 밀자

저는 1, 2번도 중요하지만, 3번이 제일 중요하다고 생각합니다. 물속 출발을 처음 하는 분들은 대부분 몸이 가라앉았다는 느낌이 드는 순간 벽을 너무 일찍 밀기 때문에 금방 떠올라 버립니다. 우리가 완전히 가라앉고, 유선형 자세가 만들어지는 시간은 그렇게 순식간에 이루어지지 않습니다. 그래서 저는 세 박자로 알려드리는데요. 점프하면서 가라앉는 시간에 한 박자, 유선형을 만들면서 두 박자, 마지막 벽을 밀면서 세 박자. 이렇게 숫자를 세면서 동작을 하나씩 해나가는 겁니다. 항상 얘기하지만 수영의 모든 동작은 여유가 생기면 자연스럽게 늡니다. 천천히 숫자를 세면서 물속 출발을 해보세요. 분명 도움이 되실 겁니다.

돌핀킥,
잘 나가는 꿀팁
세 가지

1. 양손이 멀어지게 하자

수강생분들이 출발할 때 손 모양을 보면 절하는 듯한 손 모양, 깍지를 끼는 모양, 엄지손가락끼리 손가락을 거는 모양 등 손 모양이 다양합니다. 이 동작들은 모두 고쳐야 하는 손 모양입니다. 손 모양이 잘못되면 돌핀킥에서 가장 중요한 유선형 자세를 만들지 못하기 때문입니다.

우선 한 손을 그대로 다른 손등 위로 포개주세요. 어떤 손이든 상관없습니다. 무의식중에 편하게 올라가는 손을 위로 올려주면 됩니다. 여기서 위의 손 엄지손가락으로 밑의 손을 걸어주는 겁니다. 이렇게 걸어주면 손이 빠지지 않습니다. 이 손 모양 그대로 팔을 머리 위로, 귀 뒤로 가게 올려주세요. 유연성이 부족해 팔이 귀 뒤로 넘어가지 않는 분들은 귀 옆까지도 좋습니다. 이 상태에서 양손을 서로 멀어지게 하는 느낌으로 벌려주세요. 엄지손가락이 길러 있기 때문에 팔에 긴장감이 생기면서 팔꿈치가 저절로 펴질 겁니다. 이 텐션을 유지해 주세요!

2. 엉덩이를 움직여 주자

좋은 돌핀킥의 자세는 상체는 고정하고 배꼽 밑으로 킥이 이루어지는 자세입니다. 대부분 상체를 고정하지 못하고, 하체의 움직임도 적은 분들이 많은데요. 그렇게 하면 온 힘을 다해서 차도 앞으로 잘 나가지 않습니다.

돌핀킥이 잘 나가려면 1번에서 얘기했듯이 상체를 강하게 잡아준 다음 킥을 차야 합니다. 또 킥이 잘 나오려면 엉덩이를 앞뒤로 잘 움직여 줘야 합니다. 킥을 찰 준비를 하면서 엉덩이를 안으로 넣어주고, 킥을 차면서 엉덩이가 뒤로 툭 빠지는 겁니다. 킥을 차는 동작이 끝남과 동시에 다시 엉덩이를 안으로 넣으면서 다음 킥을 찰 준비로 이어질 수 있게 연습해 보세요. 이렇게 엉덩이를 앞뒤로 움직이는 동작만 연습해 줘도 돌핀킥 동작이 잘 나올 겁니다. 엉덩이에 집중하면시 연습해 보세요.

3. 내 몸보다 앞까지 차주자

돌핀킥이 앞으로 잘 안 나가는 분들의 특징은 똑같습니다. 킥을 짧게 차서 킥이 내 몸보다 뒤에서 끝나거나 일직선상에서 끝나 버리는 겁니다. 이렇게 되면 물을 제대로 눌러주지 못해서 앞으로 나가지 않고 금방 떠버리죠. 킥은 내 몸 앞쪽까지 찬다는 느낌으로 차야 합니다. 접영의 입수킥과 같은 느낌으로 눌러 차주는 겁니다. 그런데 대부분 출수킥의 느낌으로 짧게 차기 때문에 앞으로 안 나가는 겁니다. 항상 천천히, 내 몸보다 앞쪽까지 눌러 차준다는 느낌으로 차주세요!

사이드턴,
더 편하게
더 멀리 나가는 법

1. 이마가 벽에 가까워질 때까지 기다리자

　사이드턴이 잘 안되는 분들은 벽만 보이면 머리가 하얘져서 너무 급하게 턴을 합니다. 손이 벽에 닿는 순간, 있는 힘껏 누르면서 돌게 되죠. 그렇게 되면 팔을 구부릴 시간이 없어서 팔을 편 상태에서 힘을 쓰게 됩니다. 팔이 구부러져야 힘을 제대로 사용할 수 있는데 말이죠. 이제부터 이마가 벽에 가까워질 때까지 기다리세요! 그러면 팔은 자연스럽게 구부러질 겁니다. 이마가 벽 가까이 왔고, 팔이 자연스럽게 구부러졌다면, 그때 벽을 누르면서 상체를 넘겨주는 겁니다!

2. 몸을 작게 만들자!

사이트턴을 할 때 가장 많이 하는 실수는 턴을 한 후에 한 발로만 벽을 미는 겁니다. 한 발로만 벽을 밀게 되는 건 다리를 벌어진 채로 가져왔거나 무릎을 가슴 쪽으로 당겨오지 못해서입니다. 무릎을 제대로 당겨오지 못하고 몸이 펴져 있는 상태에서 턴을 하면 무릎이 바닥에 부딪히거나 턴을 할 때 너무 많은 힘을 쓰게 됩니다. 이마가 벽이랑 가까워지면서 팔이 구부러지는 동시에 무릎을 가슴 쪽으로 당겨오면서 내 몸을 최대한 작게 만든다고 생각하세요! 몸을 작게 만들어야 몸을 쉽게 돌릴 수 있습니다. 몸을 최대한 작게 만들어주고, 그다음 벽을 누르면서 돌아주세요!

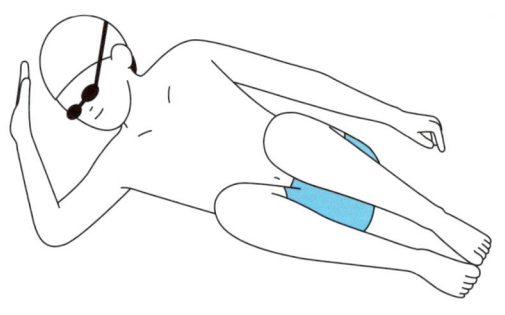

무릎을 가슴 쪽으로 최대한 당겨오세요!

3. 턴은 상체를 넘기는 것

턴을 가르칠 때 항상 "발을 벽에 갖다 붙이지 마세요"라고 얘기합니다. 많은 분이 턴을 할 때 자꾸 발을 벽에 붙이면서 상체를 넘기려고 합니다. 그런데 이렇게 하면 다리가 물 안에서 움직이기 때문에 저항을 그대로 다 받으면서 상체를 넘기게 됩니다. 당연히 턴이 더 힘들어지고 느려지게 되죠. 다리의 역할은 무릎만 가슴 쪽으로 갖고 오면 끝입니다! 무릎을 가슴 쪽으로 가져온 다음에 상체를 넘겨주세요. 상체가 넘어가면 다리도 자연스럽게 반대쪽으로 돌아가면서 발이 벽에 붙습니다. 이제 다리는 신경 쓰지 마세요! 상체만 잘 넘겨주면 턴은 훨씬 수월해집니다.

4. 몸이 다 가라앉은 다음 벽을 차주자

상체를 넘겼으면 이제 벽을 찰 차례죠? 여기서 대부분 많이 하는 실수가 완전히 돌지도 않고 급하게 차고 나간다거나, 돌자마자 상체가 가라앉기도 전에 벽이 발에 닿는 순간 급하게 찬다는 겁니다. 이렇게 되면 몸이 수면으로 떠올라 수면의 저항을 그대로 다 받게 됩니다. 당연히 속도가 날 수가 없겠죠. 턴을 다 돌고, 내 몸과 두 팔이 완전히 수면에 잠긴 느낌이 들면 그때 벽을 차주는 겁니다. 그렇게 해야 물속에서 유선형 자세가 정확히 만들어진 상태에서 벽을 차게 돼 더 멀리, 더 편하

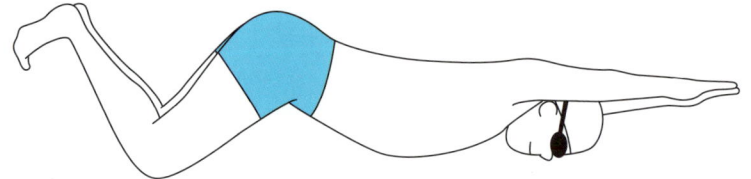

유선형 자세를 만든 다음 벽을 차주세요!

게 나갈 수 있습니다. 몸이 다 가라앉을 때까지 기다려주세요!

플립턴, 더 우아하고 부드럽게 도는 법

1. 턱을 당길 때부터 코로 숨 내쉬기

플립턴을 할 때 대부분 가장 힘들어하는 게 코에 자꾸 물이 들어간다는 겁니다. 코가 맵고, 고통스러우니 턴 자체를 피하게 되거나 동작에 집중하기 어렵다는 분들이 정말 많은데요. 코에 물이 들어가는 이유는 첫째, 코로 숨을 내쉴 때 너무 세게 내쉬기 때문에 숨이 모자라 코에 물이 들어가는 경우입니다. 둘째, 턱을 당기고 시작할 때 코로 '흠~'을 하지 않아 코에 물이 찬 상태로 턴을 시작하기 때문에 그 뒤에 '흠~'을 할 때 코 뒤로 물이 넘어가는 경우입니다. 방법을 알려드릴게요. 턱을 당기기 시작할 때부터 코로 '흠~' 내쉬기 시작하는 겁니다. 턴을 끝내고 나올 때까지 내쉬는 게 끊기지 않게, 길게 내쉬는 걸 연습해 주셔야 합니다. 벽을 잡고 숨을 길게 내쉬는 것부터 연습해 주세요!

2. T자 이후에는 팔을 돌리지 않기

수영장 끝에 보면 벽에 'T' 표시를 본 적이 있을 겁니다. 수영장 끝에 다 왔다고 알려주는 표시인데요. 이 T자 이후에는 팔을 돌리지 말고 한 팔씩 당겨 차렷 자세를 만들어주거나, 두 팔을 동시에 당겨 차렷 자세를 만들면서 벽에 접근해야 합니다. 그렇게 해야 거리를 맞출 여유가 생기고, 턴을 편하게 할 수 있는 여유도 생깁니다. 여기서 차렷 자세로 접근할 때 주의할 점은 반드시 수면에 떠서 가야 한다는 겁니다. 벽에 접근할 때 머리를 물속에 너무 많이 넣거나 혹은 미리 물속으로 들어가면서 접근하는 분들이 많은데요. 이렇게 되면 이미 가라앉은 상태에서 턴을 돌기 때문에 돌고 난 후에 몸이 바닥에 더 가라앉게 됩니다. 그러면 코에 물이 많이 들어가게 되죠. 벽에 접근할 때는 꼭 수면에 떠서 접근해 주세요!

3. 플립턴은 몸을 접는 것

플립턴을 할 때 턴을 한 후에 몸이 많이 가라앉는다거나, 턴을 채 돌지 못하는 이유는 몸을 제대로 접지 못해서입니다.

턴을 돌 때 90도까지만 몸을 숙이기 때문에 그대로 바닥으로 고꾸라지듯이 턴이 이루어져 몸이 가라앉는 겁니다. 플립턴을 할 때는 가슴이 허벅지에 닿을 정도로 완전히 몸을 접어줘야 합니다. 그렇게 해야 머리가 반대 방향으로 가면서 몸이 가라앉지 않고 턴을 할 수 있습니다. 플립턴을 하는 날에는 몸을 앞으로 숙여서 햄스트링을 늘려주고, 숙이는 각도를 늘려주는 스트레칭을 해주세요. 턴을 하는 데 도움이 되실 겁니다.

4. 킥은 상체, 손은 하체

많은 분이 플립턴을 할 때 가라앉는 이유는 잘못된 자세에서 손을 쓰기 때문입니다. 상체를 넣을 때 손을 위로 당겨 버리는 겁니다. 그렇게 되면 들어가는 타이밍에 힘이 실리면서 몸이 그대로 바닥 쪽으로 가게 됩니다. 킥을 차면서 머리를 넣고, 상체를 완전히 접어준 다음 손을 위로 올리면서 하체를 넘겨주는 겁니다. 영상을 보면서 연결 동작을 머릿속에 그려보세요!

5. 허리를 펴주자

자, 마지막 동작입니다. 이제 벽을 차고 나가야 하는데 여기서 많은 분이 실수하는 게 돌고 난 후에 시선을 자꾸 벽 쪽으로 둬서 등이 구부정한 상태에서 벽을 찹니다. 이렇게 되면 일자로 나가지 못하고 수면으로 금방 떠버리게 되죠. 돌고 난 후에는 허리를 펴주면서 시선은 천장 쪽을 봐주세요! 이렇게 되면 정확한 유선형 자세가 나오면서 앞으로 나가기 좋은 상태가 됩니다. 꼭 허리를 펴준 후에 벽을 차주세요!

플립턴 연결 동작

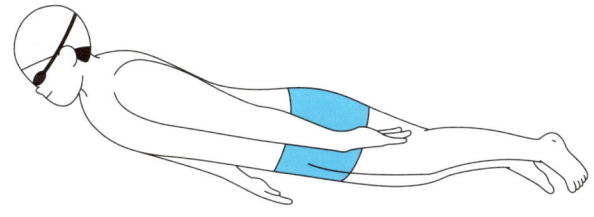

앞쪽을 보면서 접근하기

↓

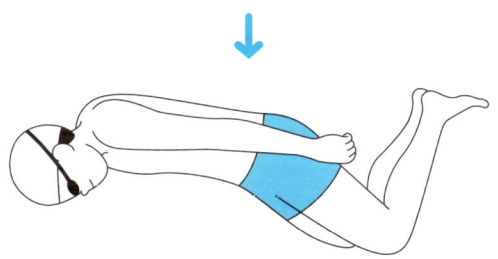

턱 당기면서 킥 찰 준비

↓

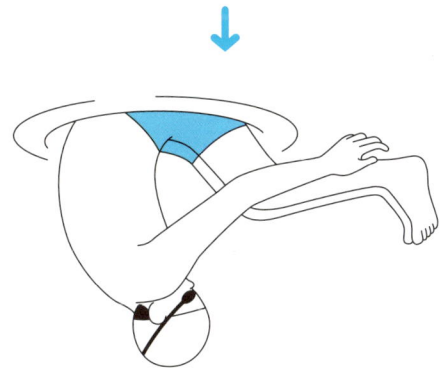

킥 차면서 플립

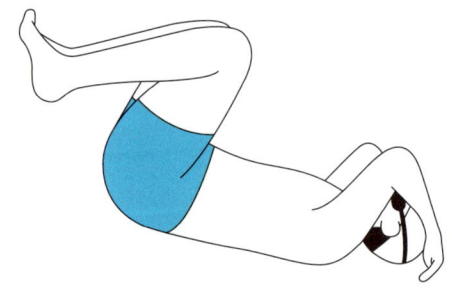

손 쓰면서 다리 접고 넘기기

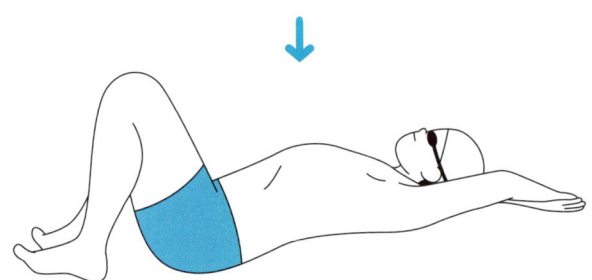

시선 천장 보기

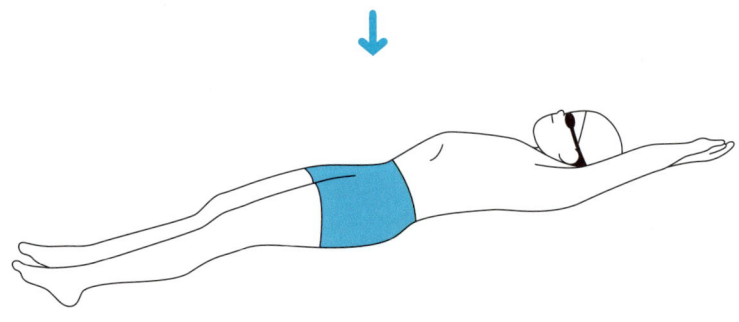

유선형 자세 만들고 벽 밀기

스타트, 배치기 극복하기

1. 준비 자세에서는 코어에 힘주기

스타트를 준비할 때 많은 분이 실수하는 게 허리 뒤쪽 척추기립근에 힘을 과도하게 주면서 몸을 편 자세를 만들려고 한다는 겁니다. 이렇게 몸을 편 상태로 뛰면 배치기를 할 수밖에 없습니다. 준비 자세는 코어(복근)에 힘을 줘서 등이 굽어지게 만들어줘야 합니다. 이렇게 되면 손이 자연스럽게 내려가면서 자연스러운 입수각이 만들어집니다. 스타트는 이 상태에서 뛰는 겁니다!

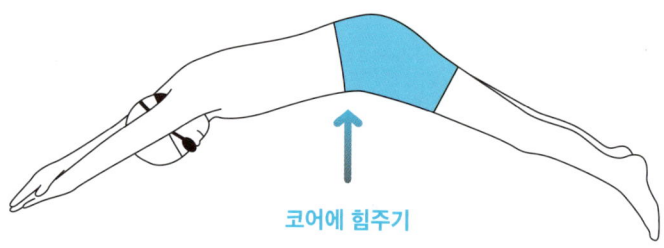

코어에 힘주기

2. 뛰면서 엉덩이를 올려주자

준비 자세에서 코어에 힘을 줘야 한다고 했죠? 이렇게 코어에 힘을 준 상태에서 앞으로 뛸 때 포물선을 그려야 합니다. 포물선이 잘 나오려면 엉덩이가 제일 높이 있는 상태를 만들어주어야 합니다. 우리가 접영을 할 때 입수킥을 차면 엉덩이가 올라가죠? 스타트를 할 때도 그 자세가 나와야 합니다. 상체는 떨어지고 엉덩이는 올라간 상태죠. 뛰면서도 코어에 힘을 줘서 등이 굽어진 느낌을 계속 가져가야 합니다! 이렇게 되면 손끝이 물에 제일 먼저 닿으면서 좋은 자세로 입수할 수 있습니다.

3. 손끝이 물에 닿는 순간 몸을 펴주자

우리가 스타트를 하는 이유는 보다 더 멀리 가기 위해서입니다. 배치기를 하거나 손이 계속해서 밑으로 향하면 우리는 앞으로 나가지 못하고 물에 금방 떠버리거나 물속으로 더 들어가 버리죠. 앞으로 쭉 나가려면 손끝이 물에 닿는 순간, 손끝을 앞을 향하게 올려주면서 허리를 펴줘야 합니다 허리를 펴면 하체도 위로 올라가면서 자연스럽게 유선형이 잡혀 앞으로 쭉 나갈 수 있습니다.

휴가를
앞두고 있다면
헤드업 평영

1. 고개는 들고, 다리는 가라앉히기

　헤드업 평영을 할 때 얼굴이 가라앉을까 봐 불안해하는 분들이 많은데요. 하체가 수면에 완전히 떠 있는 상태에서 고개를 들면 얼굴이 수면에 너무 가까우니 불안하기도 하고, 호흡하기도 힘들죠. 해결 방법은 다리를 45도 정도 가라앉힌 상태에서 고개를 들어주면 됩니다. 그러면 머리가 편하게 뜹니다. 헤드업 평영은 여기서부터 시작하는 겁니다!

2. 팔로 반원을 그리자

　평영의 목적은 앞으로 더 길게, 더 많이 가는 겁니다. 반면 헤드업 평영은 얼굴을 계속해서 띄워주는 게 목적이죠. 평영을 할 때처럼 팔을 큰 원을 그리며 가슴 앞으로 모아 버리면 상체가 물 위로 떴다가 가라앉게 됩니다. 헤드업 평영을 할 때는 손을 가슴 앞으로 모으지 말고 반원을 그리듯이, 원을 반쯤 그렸을 때 그대로 손을 모으며 앞으로 찌르는 겁니다. 여기서 중요한 건 팔을 완전히 편 상태에서 천천히 반원을 그려야 한다는 겁니다. 팔을 빨리 젓게 되면 팔이 금방 지쳐서 발차기 타이밍을 맞추기 어렵기 때문입니다. 천천히 물을 느끼면서 연습해 주세요!

3. 팔동작은 킥을 찬 다음 바로 해주자

평영에서 킥을 찬 후에 3초 기다리라고 말씀드렸죠. 킥 추진력이 좋으면 3초 동안 기다려도 몸이 가라앉지 않지만, 보통은 킥을 차면 조금 가다 몸이 바로 가라앉기 시작할 겁니다. 헤드업 평영을 할 때는 킥을 찬 다음 반원을 그려주며 몸이 가라앉지 않게 유지해 주세요. 반원을 그리면서 다리를 천천히 접기 시작하는 겁니다. 다시 킥을 찰 준비가 되면 즉시 킥을 차주면서 팔동작을 연결해 주세요. 이 동작을 반복하면서 얼굴을 계속 띄워준 채 앞으로 가는 겁니다.

부록

진조쌤
자유수영
훈련 루틴

물감을 키우는 루틴
1,500m

킥 200m	갈 때 자유형 킥 → 올 때 평영 킥 50m x 4세트
주먹 쥐고 자유형 300m	50m x 6세트
자유형 300m	50m x 6세트
스컬링 150m	고개 들고 스컬링 75m 누워서 스컬링 75m 75m x 2세트
평영·배영 혼합 200m	갈 때 평영 → 올 때 배영 50m x 4세트
한 팔 접영 150m	50m x 3세트
접영 200m	50m x 4세트

| 중간중간 체력에 맞게 휴식 시간을 가져주세요! |

짧고 강하게, 칼로리 폭발 루틴
1,000m

IM 100m	접영 25m 배영 25m 평영 25m 자유형 25m
리버스 IM 100m	자유형 25m 평영 25m 배영 25m 접영 25m
자유형 100m	50m x 2세트
자유형 600m	50m 2스트로크 1호흡 50m 4트로크 1호흡 50m 6트로크 1호흡 50m 8트로크 1호흡 200m x 3세트
천천히 자유형 100m	50m x 2세트

| 중간중간 체력에 맞게 휴식 시간을 가져주세요! |

평포자 극복 루틴
1,250m

시작하기 전 발목과 무릎 스트레칭

킥 250m	갈 때 평영 킥 → 올 때 자유형 킥 50m x 5세트
자유형 200m	50m x 4세트
자유형 킥 + 평영 팔동작 200m	50m x 4세트
평영 300m	50m x 6세트
혼합 300m	갈 때 자유형 → 올 때 평영 50m 갈 때 배영 → 올 때 평영 50m 갈 때 접영 → 올 때 접영 50m 150m x 2세트

| 중간중간 체력에 맞게 휴식 시간을 가져주세요! |

장거리 수영을 위한 자유형 피라미드 루틴 1,500m

자유형 킥 250m

자유형	50m
자유형	100m
자유형	150m
자유형	200m
자유형	250m
자유형	200m
자유형	150m
자유형	100m
자유형	50m

| 중간중간 체력에 맞게 휴식 시간을 가져주세요! |

완벽한 킥을 위한 훈련 루틴
1,700m

IM 킥 100m

자유형 400m
- 자유형 킥 50m
- 자유형 100m
- 자유형 킥 50m

  200m x 2세트

배영 400m
- 배영 킥 50m
- 배영 100m
- 배영 킥 50m

  200m x 2세트

평영 400m
- 평영 킥 50m
- 평영 100m
- 평영 킥 50m

  200m x 2세트

접영 400m
- 접영 킥 50m
- 한 팔 접영 50m
- 양팔 접영 50m
- 접영 킥 50m

  200m x 2세트

| 중간중간 체력에 맞게 휴식 시간을 가져주세요! |

IM 훈련 루틴
2,000m

	IM 킥 100m
자유형 300m	50m x 6세트
자유형 혼합 400m	자유형 50m 갈 때 자유형 → 올 때 배영 50m 갈 때 자유형 → 올 때 평영 50m 갈 때 자유형 → 올 때 접영 50m 200m x 2세트
배영 혼합 400m	배영 50m 갈 때 배영 → 올 때 자유형 50m 갈 때 배영 → 올 때 평영 50m 갈 때 배영 → 올 때 접영 50m 200m x 2세트
평영 혼합 400m	평영 50m 갈 때 평영 → 올 때 자유형 50m 갈 때 평영 → 올 때 배영 50m 갈 때 평영 → 올 때 접영 50m 200m x 2세트
접영 혼합 400m	접영 50m 갈 때 접영 → 올 때 자유형 50m 갈 때 접영 → 올 때 배영 50m 갈 때 접영 → 올 때 평영 50m 200m x 2세트

| 중간중간 체력에 맞게 휴식 시간을 가져주세요! |

에필로그

스무살 때 처음 수영을 배우던 때를 항상 생각합니다. 생각보다 차가웠던 물, 숨과 함께 마셨던 물들, 몸이 뜻대로 움직이지 않던 순간들…. 강의평가에서는 A, B, C, D반 중 항상 C반이었죠. 지금 생각해 보면 운동선수 출신이라 D반에는 넣지 않았던 것 같습니다. 그때의 저는 수영장이 참 낯설고 어렵기만 했습니다.

이번에 책을 쓰며 다시 한번 수영은 결코 쉽지 않은 운동이라는 걸 느꼈습니다. 알아야 할 이론도, 익혀야 할 기술도 참 많다는 것을요. 하지만 분명한 것은, 제가 그랬듯이 정확한 방법을 알고 꾸준히 연습하면 누구나 수영이 반드시 좋아진다는 사실입니다. 물론 수영은 하루아침에 드라마틱하게 폼이 바뀌거나 속도가 빨라지지는 않습니다. 미세하게 조금씩 자세를 교정하고, 물과 조화를 이루는 법을 배워가는 과정이죠. 실수를 반복하면서도 포기하지 않는 인내의 과정이기도 합니다. 제자리걸음 같아 보여도, 포기하지 않는다면 반드시 어제와 다른 오늘의 수영을 만나게 됩니다.

이 책은 그 과정을 조금이라도 더 쉽게, 더 편하게 만들어 주기 위해 썼습니다. 유튜브 영상 속에서는 확신에 찬 표정과 말투로 수영을 알려드리지만, 지금 글을 쓰는 이 순간에도 '더 쉬운 방법은 없을까?' 계속 고민하고 있습니다.

수영은 어려운 운동입니다. 하지만 어려운 건 제 몫이니, 여러분은 수영하면서 스트레스는 덜고, 즐거움은 더 느끼시길 바랍니다. 이 책을 통해 여러분이 수영을 조금 더 쉽고, 재미있게 느끼고, 앞으로 나아가는 배움의 과정에 도움이 되는 길라잡이가 되었기를 바랍니다.

오늘도 행복 수영하세요.
행수!

진조쌤 35일 기적의 수영책

초판 1쇄 발행 2025년 7월 30일
초판 4쇄 발행 2025년 8월 27일

지은이 진종남
펴낸이 정지은

펴낸곳 ㈜서스테인
출판등록 2021년 11월 4일 제2021-000166호
전화 070-7510-8668
팩스 0504-402-8532
이메일 sustain@sustain.kr

ISBN 979-11-93388-19-8 13690

- 인쇄·제작 및 유통상의 파본 도서는 구입하신 서점에서 바꿔드립니다.
- 이 책의 전부 또는 일부 내용을 재사용하려면 반드시 사전에 저작권자와 ㈜서스테인의 동의를 받아야 합니다.